OPIc중국어
막판뒤집기 20일 완성!

OPIc

중국어의 정석!

IM공략

김윤희 저

multicampus

OPIc 중국어의 정석! IM 공략

1판 1쇄 발행 2014년 2월 6일
2판 2쇄 발행 2020년 1월 9일

저자 김윤희
기획 멀티캠퍼스 외국어연구소

펴낸이 박민우
기획팀 송인성, 김선명, 박종인
편집팀 박우진, 김영주, 김정아, 최미라, 전혜련
관리팀 임선희, 정철호, 김성언, 권주련
펴낸곳 멀티캠퍼스 하우
주소 서울시 중랑구 망우로68길 48
전화 (02)922-7090
팩스 (02)922-7092
홈페이지 http://www.hawoo.co.kr
e-mail hawoo@hawoo.co.kr
등록번호 제2014-18호

값 15,000원
ISBN 979-11-87549-07-9 13720

 모범 답변 MP3 다운로드 www.multicampus.com
상단 메뉴 OPIc/외국어에서 교재 MP3 다운로드 클릭

이 교재는 다음과 같은 특징을 가지고 있습니다.

첫째, 최신경향 파악 및 OPIc중국어 시험의 완벽 대비가 가능합니다.

OPIc중국어에 자주 출제되고 있는 최신경향의 다양한 문제를 고득점에 유리한 답변 구성 방법으로 전략을 세워 학습하고, 실전공략과 Mini OPIc 코너에서 실제 시험처럼 연습함으로써, OPIc중국어 시험에 완벽히 대비할 수 있습니다.

둘째, 시험장에서 바로 사용할 수 있는 패턴과 어휘를 중심으로 학습할 수 있도록 구성하였습니다.

시험장에서 바로 사용할 수 있는 패턴과 어휘를 학습하고, 이를 활용하는 방법을 학습합니다. 이 교재로 열심히 학습하신 후 시험장에 가시면, 공부했던 패턴과 어휘를 바탕으로 술술 답변하는 자신을 발견하게 될 것입니다.

셋째, OPIc중국어 IM레벨 획득은 물론, 회화 실력도 함께 업그레이드 할 수 있습니다.

중국어 말하기에 유용한 패턴과 어휘를 충분히 학습하고 활용함으로써, OPIc중국어 IM레벨 달성은 물론, 중국어 회화 실력도 함께 업그레이드 하실 수 있을 것입니다.

大家好！非常欢迎你们来学习汉语！

여러분, 안녕하세요? 중국어가 입에 술술~ 귀가 탁탁! 입술귀탁 중국어 강사 김윤희입니다. 오랜 시간 동안 학원을 비롯하여 많은 대기업에서 강의를 하다 보니, 많은 학습자들이 중국어 공부를 하면서 과연 자신들의 중국어 회화 실력은 어느 정도일까 궁금해하고 평가받기를 원한다는 것을 알게 되었습니다. 많은 분들이 말하기 능력을 평가해 보고 싶어 하는 바로 그 시험! 외국어로 의사소통을 얼마나 잘할 수 있는지 평가하는 외국어 말하기 능력 측정 시험! 바로 OPIc(Oral Proficiency Interview computer)입니다. 과거의 외국어 시험은 어법 위주의 평가에 초점을 맞추고 있었기 때문에 말하기 능력의 측정에는 다소 한계가 있었습니다. 그로 인해 요즘은 다수의 기업들이 신입사원 채용 및 승진시험에서 OPIc을 채택하는 추세에 있습니다. OPIc중국어 학습자들에게는 'IM레벨 달성'이라는 목표뿐만 아니라, 중국어를 우리말 하듯이 자연스럽게 말하는 것 또한 중국어를 공부하는 궁극적인 목표일 것입니다. 이 교재를 통해서 많은 분들이 시험 대비는 물론, 중국어 말하기 실력을 즐겁게 쌓아 나가는 데에 많은 도움이 될 수 있기를 진심으로 바랍니다. 마지막으로, 본 교재가 나오기까지 열정으로 도전할 수 있도록 함께 고민하며 많은 도움을 주신 멀티캠퍼스의 김문정씨, 책의 구성과 내용뿐만 아니라 많은 격려와 아낌 없는 도움을 주신 편집자 홍주현씨, 집필 단계에서 많은 도움을 준 감수자이자, 저의 든든한 중국 친구인 赵丽华 선생님께 진심으로 감사드립니다. 끝으로 저를 믿고 끝까지 따라와 주시는 저의 소중한 많은 학생분들, 입술귀탁 중국어 팬클럽 회원분들과 항상 그 자리에서 변함없이 응원을 해 주시는 지인들, 그리고 저의 영원한 보물1호인 가족들에게 감사와 사랑의 마음을 전합니다.

저자 김윤희

이 책의 차례

이 책의 학습내용

공략 포인트	순서	주제	패턴
유형별 공략	Day1 묘사와 소개	공원 존경하는 인물	当~的时候 / 值得 형용사 중첩 / 相当
	Day2 세부설명 및 경험 말하기	음악 감상 조깅	除非~，否则~ / A比B+술어+得多 好像~似的 / 肯~
	Day3 인과관계	영화 수영	对~感兴趣 / 一~就… 越来越 / 随着~
	Day4 비교와 대조	패션 주거지	得 / 管它~，只要 再~不过了 / 虽然~，但是…
	Day5 롤플레이	외식 스포츠	要不 / 只要~，就… 결과보어 光 / 还是~吧
	Day6 콤보	계절과 날씨 공휴일과 명절	由~组成 / 动不动就~ ~才是… / 省得
채점영역별 공략	Day7 언어통제능력과 정확성	출장 주말 활동	동사 + 过 / 是~的 有时候~，有时候~ / 一边~，一边~
	Day8 과제 및 기능 수행	건강 약속	사역동사 让 / 为了 没想到 / 幸好
	Day9 상황 및 내용	여행 춤	别提多~了 / 顺便 시량보어 / 정도보어
	Day10 구성 형태	요리 휴가	既~又~ / 把 着 / 先~，然后~

공략 포인트	순서	주제	패턴
주제별 공략	Day11 자기소개	직장인편 학생편	不~(也)不~ / 尤其是 不管~，都… / 如果~的话，就…
	Day12 직장 관련 주제	프로젝트 회사와 업무	关于 / 说实话 包括~ / 加上
	Day13 학생 관련 주제	학교와 전공 프로젝트와 테크놀로지	顺着 / 原来 该 / 非~不可
	Day14 주거지 관련 주제	이웃 집안일	几乎 / 显得~ 请帮我~ / 难得~
	Day15 여가 활동 관련 주제	콘서트 관람 게임	懒得 / 不得不 甚至~也(都/还) / 差点儿
	Day16 취미 활동 관련 주제	애완동물 기르기 헬스	往往 / 并 要~了 / 能，可以
	Day17 고득점을 위한 최신경향 주제 1	외국어 쇼핑	正在 / ~是~，但是… 偏偏 / 除了~以外，还…
	Day18 고득점을 위한 최신경향 주제 2	독서 텔레비전 시청	要么~，要么~ / 凡是~，都… 没完没了 / ~之一
	Day19 고득점을 위한 최신경향 주제 3	경찰 은행	방향보어 起来 / 着 至少 / 说~就~
	Day20 모의OPIc	Q1~Q15	

이 책의 구성

학습내용 소개

유형별, 채점영역별, 주제별 시험 출제 유형을
간략히 소개하고, 각 영역별 공략방법을 학습
합니다. 응답 길잡이 및 답변 시 주의사항 등을
통해 효과적인 답변 구성방법을 제시합니다.

OPIc중국어 표현공략

주제와 관련된 다양한 단어를 학습합니다. OPIc
실전문제, Mini OPIc에 등장하는 단어 외에도,
주제와 관련되어 활용이 가능한 다양한 단어들을
학습함으로써, OPIc중국어 단어 활용 능력을 향
상시킬 수 있습니다.

OPIc중국어 패턴공략

주요패턴 4가지를 학습합니다. 주요패턴을
학습하고, 패턴을 활용한 예문들을 다뤄 봄으로써
문장구성력을 확장시킬 수 있습니다. 패턴과
예문을 반복적으로 따라 읽으며 익혀 보세요.

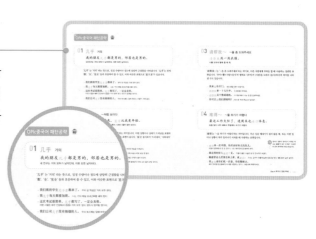

OPIc중국어 실전공략

학습한 주요패턴과 어휘를 활용하여 OPIc실전 문제를 공략합니다. 브레인스토밍과 스토리맵을 통해, 논리적인 답변을 구성하기 위한 준비 운동을 하고, 패턴과 어휘를 활용하여 나만의 답변을 완성해 보세요.

연습문제

학습한 내용을 바탕으로 복습을 할 수 있습니다. 단어 테스트 및 중국어 문장 해석, 한중 작문을 해 볼 수 있습니다. 바로 바로 정답이 나올 수 있을 때까지 반복하여 연습해 보세요.

Mini OPIc

학습자 스스로 실제 시험처럼 답변을 완성해 볼 수 있는 기회입니다. 브레인스토밍과 스토리 맵을 통해 답변의 뼈대를 세우고, 학습한 패턴과 단어를 활용하여, 답변을 완성해 보세요. 자신의 답변과 모범답안을 비교해 보도록 합니다.

OPIc 평가란?

OPIc이란?

OPIc(Oral Proficiency Interview-computer)은 면대면 외국어 인터뷰인 OPI와 최대한 가깝게 만든 iBT 기반의 외국어 말하기 평가로서, 외국어 전문 교육 연구 단체인 ACTFL(American Council on the Teaching of Foreign Languages)에서 개발한 공신력 있는 말하기 평가입니다. OPIc은 단순히 문법이나 어휘 등을 얼마나 많이 알고 있는가보다는 실제 상황에서 얼마나 효과적이고 적절하게 언어를 구사하는지를 측정하는 객관적인 평가로, 국내에서는 2007년 시작되어 현재 약 1,700여 개 기업 및 기관에서 OPIc을 채용과 인사고과 등에 활발하게 활용하고 있습니다. 현재 OPIc은 영어뿐만 아니라 중국어, 일본어, 러시아어, 스페인어, 한국어 그리고 최근 추가된 베트남어까지 총 7개의 언어 평가를 제공함으로써 다양한 언어를 동일한 기준으로 평가할 수 있는 유일한 외국어 말하기 평가로 자리매김하였습니다.

OPIc 진행과정

ORIENTATION(20분)

1 Background Survey
인터뷰 문항을 위한 사전 설문

2 Self Assessment
시험의 난이도 결정을 위한 자가 평가

3 Overview of OPIc
화면 구성, 문항 청취 및 답변 방법 안내

4 Sample Question
실제 답변 방법 연습

시험시간(40분)

1 1st Session
– 개인 맞춤형 문항   – 질문 청취 2회
– 문항별 답변 시간 제한 無   – 약 7문항 출제

2 난이도 재조정
– Self Assessment(2차 시험 난이도 선택)
– 쉬운 질문 / 비슷한 질문 / 어려운 질문 中 선택

3 2nd Session
– 개인 맞춤형 문항   – 질문 청취 2회
– 문항별 답변 시간 제한 無   – 약 5~8문항 출제

OPIc 등급

OPIc의 등급은 크게 세 가지, 작게는 일곱 가지로 세분화됩니다.

- Novice: '초보자'라는 뜻으로 OPIc에서는 '초급' 단계입니다.
- Intermediate: '중간'이라는 뜻으로 OPIc에서는 '중급' 단계입니다.
- Advanced: '고급의'라는 뜻으로 OPIc에서는 가장 높은 '고급' 단계입니다.

이 세 가지의 등급을 세분화해서 다음과 같이 구분하게 됩니다.

- Novice Low, Novice Mid, Novice High
- Intermediate Low, Intermediate Mid(1~3), Intermediate High
- Advanced Low

OPIc의 모체인 OPI에서는 Advanced도 Low, Mid, High로 구분되지만, 컴퓨터로 시험을 보는 OPIc에서는 Advanced Low라는 등급 하나만 부여됩니다.

AL	**Advanced** LOW	사건을 서술할 때 일괄적으로 동사 시제를 관리하고, 사람과 사물을 묘사할 때 다양한 형용사를 사용한다. 적절한 위치에서 접속사를 사용하기 때문에 문장 간의 결속력도 높고 문단의 구조를 능숙하게 구성할 수 있다. 익숙하지 않은 복잡한 상황에서도 문제를 설명하고 해결할 수 있는 수준의 능숙도이다.
IH	**Intermediate** HIGH	개인에게 익숙하지 않거나 예측하지 못한 복잡한 상황을 만날 때, 대부분의 상황에서 사건을 설명하고 문제를 효과적으로 해결한다. 발화량이 많고, 다양한 어휘를 사용한다.
IM	**Intermediate** MID	일상적인 소재뿐 아니라 개인적으로 익숙한 상황에서는 문장을 나열하며 자연스럽게 말할 수 있다. 다양한 문장 형식이나 어휘를 실험적으로 사용하려고 하며 상대방이 조금만 배려해 주면 오랜 시간 대화가 가능하다.
IL	**Intermediate** LOW	일상적인 소재에서는 문장으로 말할 수 있다. 대화에 참여하고 선호하는 소재에서는 자신감을 가지고 말할 수 있다.
NH	**Novice** HIGH	일상적인 대부분의 소재에 대해서 문장으로 말할 수 있다. 개인 정보라면 질문을 하고 응답을 할 수 있다.
NM	**Novice** MID	이미 암기한 단어나 문장으로 말하기를 할 수 있다.
NL	**Novice** LOW	제한적인 수준이지만 영어 단어를 나열하며 말할 수 있다.

＊ Intermediate Mid의 경우 Mid 1, Mid 2, Mid 3로 세분화하여 제공합니다.

Background Survey (배경 설문)

OPIc의 개인 맞춤형 문제는 Background Survey에 대한 응답을 기초로 출제됩니다. 나에게는 어떤 맞춤형 문제가 출제될지 미리 생각해 보세요.

1 현재 귀하는 어느 분야에 종사하고 계십니까?
□ 사업/회사   □ 재택근무/재택사업   □ 교사/교육자   □ 군 복무   □ 일 경험 없음

1.1. 현재 귀하는 직업이 있으십니까?
□ 네   □ 아니요

1.1.1. 귀하의 근무 기간은 얼마나 되십니까?
□ 첫 직장 – 2개월 미만   □ 첫 직장 – 2개월 이상   □ 첫 직장 아님 – 경험 많음

1.1.1.1. 당신은 부하 직원을 관리하는 관리직을 맡고 있습니까?
□ 네   □ 아니요

문항 1에서 교사/교육자로 답변했을 경우

1.1. 당신은 어디에서 학생을 가르치십니까?
□ 대학 이상   □ 초등/중/고등학교   □ 평생교육

1.1.1. 현재 귀하는 직업이 있으십니까?
□ 네   □ 아니요

1.1.1.1. 귀하의 근무 기간은 얼마나 되십니까?
□ 2개월 미만 – 첫 직장
□ 2개월 미만 – 교직은 처음이지만 이전에 다른 직업을 가진 적이 있음
□ 2개월 이상

1.1.1.1.1. 귀하는 부하직원을 관리하는 관리직을 맡고 있습니까?
□ 네   □ 아니요

---

2 현재 귀하는 학생이십니까?
□ 네   □ 아니요

2.1. 현재 어떤 강의를 듣고 있습니까?
□ 학위 과정 수업   □ 전문 기술 향상을 위한 평생 학습   □ 어학 수업

2.2. 최근 어떤 강의를 수강했습니까?
□ 학위 과정 수업
□ 전문 기술 향상을 위한 평생 학습
□ 어학 수업
□ 수업 등록 후 5년 이상 지남

3 현재 귀하는 어디에 살고 계십니까?

☐ 개인주택이나 아파트에 홀로 거주

☐ 친구나 룸메이트와 함께 주택이나 아파트에 거주

☐ 가족(배우자/자녀/기타 가족 일원)과 함께 주택이나 아파트에 거주

☐ 학교 기숙사   ☐ 군대 막사

아래의 4~7번 문항에서 12개 이상을 선택해 주시기 바랍니다.

4 귀하는 여가 활동으로 주로 무엇을 하십니까? (두 개 이상 선택)

☐ 영화 보기   ☐ 클럽/나이트클럽 가기   ☐ 공연 보기   ☐ 콘서트 보기

☐ 박물관 가기   ☐ 공원 가기   ☐ 캠핑하기   ☐ 해변 가기

☐ 스포츠 관람   ☐ 주거 개선   ☐ 술집/바에 가기   ☐ 카페/커피전문점 가기

☐ 게임하기(비디오, 카드, 보드, 휴대폰 등)   ☐ 당구 치기   ☐ 체스하기

☐ SNS에 글 올리기   ☐ 친구들과 문자대화하기   ☐ 시험 대비 과정 수강하기

☐ 뉴스를 보거나 듣기   ☐ 차로 드라이브하기   ☐ 스파/마사지샵 가기

☐ 구직활동하기   ☐ 자원봉사하기   ☐ 쇼핑하기

☐ TV 시청하기   ☐ 리얼리티 쇼 시청하기   ☐ 요리 관련 프로그램 시청하기

5 귀하의 취미나 관심사는 무엇입니까? (한 개 이상 선택)

☐ 아이에게 책 읽어주기   ☐ 음악 감상하기   ☐ 악기 연주하기

☐ 혼자 노래 부르거나 합창하기   ☐ 춤추기   ☐ 글쓰기(편지, 단문, 시 등)

☐ 그림 그리기   ☐ 요리하기   ☐ 애완동물 기르기

☐ 주식투자하기   ☐ 신문읽기   ☐ 여행 관련 잡지나 블로그 읽기

☐ 사진촬영하기   ☐ 독서

6 귀하는 주로 어떤 운동을 즐기십니까? (한 개 이상 선택)

☐ 농구   ☐ 야구/소프트볼   ☐ 축구   ☐ 미식축구

☐ 하키   ☐ 크리켓   ☐ 골프   ☐ 배구

☐ 테니스   ☐ 배드민턴   ☐ 탁구   ☐ 수영

☐ 자전거   ☐ 스키/스노보드   ☐ 아이스 스케이트   ☐ 조깅

☐ 걷기   ☐ 요가   ☐ 하이킹/트레킹   ☐ 낚시

☐ 헬스   ☐ 태권도   ☐ 운동 수업 수강하기   ☐ 운동을 전혀 하지 않음

7 당신은 어떤 휴가나 출장을 다녀온 경험이 있습니까? (한 개 이상 선택)

☐ 국내 출장   ☐ 해외 출장   ☐ 집에서 보내는 휴가   ☐ 국내 여행   ☐ 해외여행

OPIc FAQ

01 OPIc 시험 중 필기구를 사용하여 답변을 준비해도 되나요?

OPIc 응시자는 필기구를 가지고 시험장에 입실할 수 없습니다. 따라서 시험 중에 필기구를 이용하여 메모 등을 하실 수 없으며, 적발 시 부정행위로 처리되어 OPIc 시험 규정에 따라 향후 시험 응시 기회에 제한을 받습니다.

02 무조건 길게 말하는 것이 도움이 되나요?

짜임새 없이 내용으로 길게만 말하는 것보다는 질문이 요구하는 내용에 충실한 답변을 정확한 문법과 표현을 사용하여 논리적으로 표현할 때 좋은 평가를 받을 수 있습니다. 또한 기-승-전-결 혹은 서론-본론-결론의 짜임새 있는 구성으로 답변해야 합니다. 공식적인 수치는 아니지만 주어진 시간 내 모든 문제에 풍부한 내용으로 답변을 하려면 한 문항당 짧으면 1분, 일반적으로 2분~2분 30초 이상 말할 수 있도록 준비하는 것이 좋습니다.

03 Background Survey 응답 내용으로만 출제되나요?

아닙니다. 시험 전에 체크한 Background Survey 결과는 나에게 맞는 맞춤형 문항이 출제되는 데 영향을 주지만, 그 외 시스템적으로 선별된 문항도 출제됩니다. 즉, 여러분이 선택하지 않은 내용에서도 문제가 출제됩니다. 일반적으로 여러분의 일상생활에서 일어나는 일들을 위주로 문제가 출제되며 전문적인 내용이 출제되더라도 일상생활과 연결되어 있는 질문들이 출제됩니다. OPIc 등급 향상을 위해서는 Background Survey 항목에 관련된 답변만을 무조건 외우기보다는 평소에 다양한 말하기 연습을 하는 것이 도움이 될 것입니다.

04 OPIc 문제 중 Background Survey 내용과 관련이 없는 내용이 나오면 답변하지 않아도 되나요?

아닙니다. 수험자는 주어진 문항에 대해서 모두 답변을 진행해야 합니다. OPIc은 Background Survey를 통해 수험자의 개인 맞춤형 문항의 출제가 가능하지만 다른 영역의 질문 또한 출제되어 수험자의 예상하지 못한 문제에 대해 답변을 하는 능력 또한 평가합니다. 따라서, 질문에 대한 답변이 진행되지 않은 경우 감점의 요인이 될 수 있습니다. 그러므로 Background Survey에서 선택한 내용과 다른 문제가 출제되더라도 당황하지 말고 최선을 다해 성실히 답변하는 것이 좋습니다.

05 시험 보는 중간에 Self-Assessment로 레벨을 변경하는 것이 성적에 영향이 있나요?

처음에 높은 레벨로 시작했다가 중간에 낮은 레벨로 바꾸거나, 그 반대로 낮은 레벨에서 높은 레벨로 바꾸는 그 자체로 성적이 바뀌지는 않습니다. 철저히 주어진 답변에 얼마나 충실하게 답변하는지가 성적을 좌우한다고 보면 됩니다. 그러나, 나의 영어 실력과 너무 동떨어진 레벨을 선택하는 것은 바람직하지 않습니다.

06 모범 답안을 외워서 답변하면 성적에 영향을 주나요?

질문과 무관한 답변 및 시중의 모범 답안을 그대로 외워서 대답하는 것은 성적 결과에 좋지 않은 영향을 줄 수 있습니다.

07 문제를 반복해서 들으면 성적이 좋지 않게 나오는 것이 사실인가요?

문제 풀기 전략 중 하나로 문제를 습관적으로 반복해서 듣는 사람들이 있습니다. 문제를 반복 청취하는 것이 성적에 직접적으로 영향을 미치는 것은 아니지만, 문제를 반복 청취했을 때 답변 시간이 줄어들 수밖에 없으므로 시간 관리에 어려움을 느낄 수 있습니다. OPIc 문제의 답변 시간은 질문 청취 시간을 제외하고 약 35분 가량입니다. 따라서 주어진 시간 내 모든 문제를 효율적으로 답변할 수 있도록 시간을 활용해야 합니다.

08 발음이 안 좋거나 더듬거리면 성적에 나쁜 영향을 주나요?

발음은 이해가 가능한 수준일 경우 크게 영향을 미치지 않는 것으로 알려져 있습니다. 그러나 메시지 전달이 안 될 정도로 말이 매끄럽지 못한 경우에는 당연히 채점이 어려울 수밖에 없습니다.

09 OPIc 시험은 현장에서 결과를 직접 확인할 수 있나요?

OPIc은 응시일로부터 일주일 후 OPIc 홈페이지에서 성적 확인이 가능합니다. (일반적으로 오후 1시 발표이나 사정에 따라 변경될 수 있습니다.) 취업 시즌 등의 경우 수험자 편의를 위해 성적 조기 발표 (시험일로부터 3~5일)를 시행합니다.

10 OPIc 시험 일정은 1년에 몇 번 정도 있나요?

OPIc은 연중 상시 시행 시험입니다. (일부 공휴일 제외) 다만 지역/센터별로 차이가 있을 수 있으니 자세한 사항은 OPIc 홈페이지(http://opic.or.kr)에서 확인해 주시기 바랍니다.

11 성적이 UR이라고 나오는 것은 무엇을 의미하나요?

'UR'은 Unable to rate을 의미합니다. UR이 나오는 경우는 녹음 불량, 녹음 음량이 너무 작은 경우, 수험자가 자신이 없어 답변을 하지 않은 경우입니다. 수험자의 과실인 경우 응시료 환불은 없으며 재시험의 기회도 없습니다. 시스템적인 오류로 UR이 나왔을 경우 한 번의 재시험 기회를 드립니다.

12 시험에 필요한 규정 신분증은 무엇인가요?

OPIc의 규정신분증은 주민등록증, 운전면허증, 공무원증, 기간만료 전 여권이며, 군인 등 특정 할인 신청의 경우 규정신분증 외 시험 당일 추가 증명 서류를 지참하여야 응시 가능합니다. 자세한 사항은 OPIc 홈페이지(http://opic.or.kr)에서 확인해 주시기 바랍니다.

13 OPIc 세부진단서란 무엇인가요?

OPIc Rater(채점자)가 수험자 답변 내용을 바탕으로 언어 항목에 대해 진단 및 안내를 제공하는 유료 피드백 서비스이며 가격은 30,000원입니다.

Day 1
묘사와 소개

학습목표

❶ OPIc의 말하기 유형 중 묘사와 소개를 공략합니다.

❷ 장소를 묘사하는 다양한 표현을 학습합니다.

❸ 존경하는 인물을 소개(외모 묘사 및 성격 소개)하는 표현을 학습합니다.

Day1 묘사와 소개 공원/존경하는 인물

묘사와 소개란?

OPIc의 문제 유형 중, '묘사와 소개'는 가장 기본적인 유형에 해당됩니다. 주로 '(사람, 건물, 장소 등)에 대해 묘사하세요.'나 '(사람)에 대해 소개하세요.'와 같은 질문이 주어집니다.

묘사/소개

인물
❶ 나와 인물과의 관계 소개
❷ 인물의 외모, 성격, 이미지 등을 묘사

사물/장소
❶ 전체적인 사실 소개
❷ 세부적인 생김새나 위치, 사물 및 장소의 장단점, 사물 및 장소가 차지하는 중요도 등을 묘사

응답 길잡이

1 인물의 묘사와 소개

❶ 나와 인물과의 관계 소개

我最尊敬我的汉语老师。 저는 저의 중국어 선생님을 가장 존경합니다.

他是我最喜欢的朋友。 그는 제가 가장 좋아하는 친구입니다.

❷ 인물의 외모, 성격, 이미지 등을 묘사

他个子比较高、有白白的短发，一双大大的眼睛，脸上总是带着微笑。
그는 키가 비교적 크고 새하얀 짧은 머리에, 매우 큰 눈을 가지고 있으며, 얼굴에는 항상 미소를 지니고 있습니다.

他给我们开玩笑，他相当幽默。 그는 우리를 웃겨 주기도 하는데, 매우 유머러스합니다.

2 사물/장소의 묘사와 소개

❶ 전체적인 사실 소개

公园有很多花草树木，还有休息的长椅。 공원에는 많은 꽃과 풀, 나무가 있고, 또 쉴 수 있는 벤치도 있습니다.

公园又干净又美丽，而且环境不错。 공원은 깨끗하고 아름답습니다. 게다가 환경이 매우 좋습니다.

❷ 객관적인 생김새나 위치, 장단점, 차지하는 중요도 등을 묘사

那个公园能做很多运动：骑自行车、跑步、打网球。
그 공원에서는 자전거 타기, 조깅, 테니스 등 여러 가지 운동을 할 수 있습니다.

汉江公园在首尔中部，在公园欣赏城市，那个情景相当好。
한강공원은 서울 중심부에 있어서 공원에서 도시를 감상할 수 있는데, 그 모습이 상당히 멋집니다.

OPIc의 주제 중 공원 및 존경하는 인물의 묘사와 소개에 유용한 단어입니다.

◆ 장소 묘사와 소개

장소와 방향

汉江公园 Hànjiāng gōngyuán 한강공원 | 龙山公园 Lóngshān gōngyuán 용산공원 | 湖水公园 Húshuǐ gōngyuán 호수공원 | 首尔 Shǒu'ěr 서울 | 大田 Dàtián 대전 | 邻里 línlǐ 동네 | 附近 fùjìn 부근, 근처 | 旁边 pángbiān 옆 | 中间 zhōngjiān 중간 | 左边 zuǒbian 왼쪽 | 右边 yòubian 오른쪽 | 门口 ménkǒu 입구 | 地铁站 dìtiězhàn 지하철역

공원의 환경

干净 gānjìng 깨끗하다 | 美丽 měilì 아름답다 | 欣赏 xīnshǎng 감상하다 | 城市 chéngshì 도시 | 情景 qíngjǐng 모습, 광경 | 长椅 chángyǐ 벤치 | 树 shù 나무 | 花儿 huār 꽃 | 鸭子 yāzi 오리 | 路 lù 길 | 运动场 yùndòngchǎng 운동장

주변 환경과 공원의 장점 소개

自行车 zìxíngchē 자전거 | 跑步 pǎobù 조깅하다 | 游泳场 yóuyǒngchǎng 수영장 | 网球 wǎngqiú 테니스 | 咖啡厅 kāfēitīng 커피숍 | 饭馆 fànguǎn 음식점 | 饮料 yǐnliào 음료 | 设备 shèbèi 갖추다, 설비하다 | 休息 xiūxi 쉬다 | 清新 qīngxīn 신선하다 | 空气 kōngqì 공기 | 舒服 shūfu 편안하다

◆ 인물 소개

직업

老师 lǎoshī 선생님 | 教授 jiàoshòu 교수 | 父母 fùmǔ 부모님 | 队长 duìzhǎng 팀장 | 经理 jīnglǐ 사장님 | 画家 huàjiā 화가 | 作家 zuòjiā 작가 | 演员 yǎnyuán 연기자 | 司机 sījī 운전기사 | 大夫 dàifu 의사 | 厨师 chúshī 요리사 | 科学家 kēxuéjiā 과학자

외모

印象 yìnxiàng 인상 | 亲切 qīnqiè 친절하다 | 个子 gèzi 키 | 脸 liǎn 얼굴 | 眼睛 yǎnjing 눈 | 头发 tóufa 머리카락 | 白 bái 희다 | 黑 hēi 검다 | 高 gāo (키가) 크다 | 矮 ǎi (키가) 작다 | 微笑 wēixiào 미소를 짓다 | 朴素 pǔsù 소박하다 | 感觉 gǎnjué 느낌

성격

开朗 kāilǎng 활발하다 | 严厉 yánlì 엄격하다 | 倔强 juéjiàng 고집이 세다 | 幽默 yōumò 유머러스하다 | 有意思 yǒuyìsi 재미있다 | 热情 rèqíng 열정적이다 | 无聊 wúliáo 지루하다 | 尊重 zūnzhòng 존중하다 | 看法 kànfǎ 견해 | 保守 bǎoshǒu 보수적이다 | 不爱说话 bú ài shuōhuà 과묵하다, 말이 많지 않다

01 当～的时候 ～을 할 때

当**我们走累了**的时候，**能坐在长椅上聊天儿。**

우리들은 걷다가 피곤할 때, 벤치에 앉아서 이야기를 할 수 있다.

'当～的时候'는 '～을 할 때'라는 표현으로, '当'은 어떤 일이 발생한 때를 나타내는 개사입니다.
'当～的时候'는 '当～时'라고도 자주 사용합니다.

- 当**我跟家人去公园**时，**常常去骑自行车。** 나는 가족들과 공원에 갈 때, 자주 자전거를 타고 간다.
- 当**你学习**的时候，**别想别的事情。** 너는 공부할 때, 다른 일을 생각하지 마라.
- 当**我要给他打电话**的时候，**他的电话来了。** 내가 그에게 전화를 걸려고 할 때, 그의 전화가 왔다.
- 当**他九岁**的时候，**父亲带他来到北京了。** 그가 아홉 살 때, 아버지가 그를 데리고 베이징으로 왔다.

02 值得 ～할 가치가 있다

这个公园值得**一去。**

이 공원은 한번 가 볼 만하다.

'值得'는 '～할 가치가 있다', '～할 만하다'라는 표현입니다. 주로 'A值得B(A는 B할 가치가 있다)'
의 형태로 활용합니다. '～할 가치가 없다'라고 부정의 표현을 할 때는 '不值得'를 씁니다.

- **这种小事**不值得**这么生气。** 이런 작은 일은 이 정도로 화낼 가치가 없다.
- **他那个朋友**值得**一交。** 그 남자 같은 사람은 한번 사귀어 볼 만하다.
- **这本书**值得**一读。** 이 책은 한번 읽어 볼 만하다.
- **他的行为**值得**表扬。** 그의 행동은 칭찬할 만하다.

03 형용사 중첩 AA / AABB [성질·상태의 심화를 나타냄]

他有白白的短发。

그는 아주 흰 짧은 머리를 하고 있다. [1음절 형용사의 중첩]

형용사 중첩은 성질이나 상태의 정도가 더 심함을 나타내고, 관형어로 쓰일 때는 뒤에 '的', 부사어로 쓰일 때는 뒤에 '地'를 붙입니다. 형용사 중첩 자체가 정도가 심함을 나타내기 때문에 형용사 중첩은 정도부사와 함께 쓸 수 없습니다. **예** 他个子很高高的。(X) → 他个子很高。/ 他个子高高的。(O)

- 她打扮得漂漂亮亮的。 그녀는 매우 예쁘게 단장했다.
- 他有一双大大的眼睛。 그는 매우 큰 눈을 가지고 있다.
- 他个子高高的。 그는 키가 매우 크다.
- 她每天都快快乐乐地生活。 그녀는 매일 매우 즐겁게 생활한다.

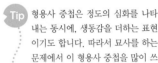

> **Tip** 형용사 중첩은 정도의 심화를 나타내는 동시에, 생동감을 더하는 표현이기도 합니다. 따라서 묘사를 하는 문제에서 이 형용사 중첩을 많이 쓰면 더욱 훌륭한 응답이 되겠죠?

04 相当 상당히

他相当幽默。

그는 상당히 유머러스합니다.

'相当'은 '상당히, 매우, 몹시'라는 뜻의 부사로, 정도가 일정 수준보다 높음을 나타내는 표현입니다. '相当+형용사+的'의 구조로 다른 명사를 수식하기도 합니다.

- 他穿相当好看的衣服。 그는 매우 보기 좋은 옷을 입었다.
- 这位老师相当温柔。 이 선생님은 매우 부드럽고 상냥하다.
- 今天天气相当热。 오늘 날씨는 상당히 덥다.
- 他的发言相当精彩。 그의 발언은 상당히 훌륭하다.

다음 질문에 아래와 같이 자신의 상황에 맞게 생각을 제시하고 개요를 작성한 후, 말해 보세요. CD 02

Q. 调查中表明你喜欢去公园。那个公园在哪儿？有什么设施？请描述一下公园。

조사에서 당신은 공원에 가는 것을 좋아한다고 했습니다. 그 공원은 어디에 있나요? 어떤 시설들이 있나요?
그 공원을 묘사해 보세요.

생각 제시(Brainstorming)

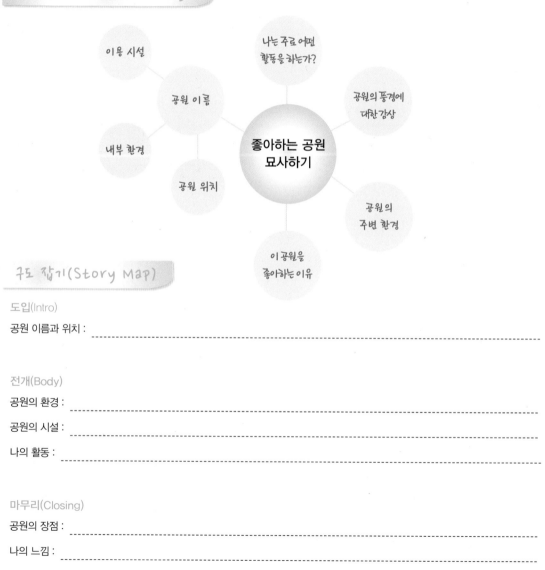

구도 잡기(Story Map)

도입(Intro)

공원 이름과 위치 : --

전개(Body)

공원의 환경 : --

공원의 시설 : --

나의 활동 : --

마무리(Closing)

공원의 장점 : --

나의 느낌 : --

연습문제

1 다음 문장을 읽고 한글 단어를 중국어로 알맞게 써 보세요.

❶ 他给我的第一印象可能是比较 <u>친절하다</u>，不 <u>엄격하다</u>。 →

❷ 他相当 <u>유머러스하다</u>。 →

❸ 我觉得公园又 <u>깨끗하다</u> 又 <u>아름답다</u>。 →

❹ 那个公园能做很多运动：骑自行车、跑步、<u>테니스 치다</u>。 →

❺ 在公园欣赏城市，那个 <u>모습(정경)</u> 相当好。 →

2 다음 중국어 문장을 해석해 보세요.

❶ 当我要给他打电话的时候，他的电话来了。 _____

❷ 这本书值得一读。 _____

❸ 他有一双大大的眼睛。 _____

❹ 今天天气相当热。 _____

❺ 她打扮得漂漂亮亮的。 _____

3 다음 문장을 중국어로 바꾸어 말해 보세요.

❶ 그의 발언은 상당히 훌륭하다. _____

❷ 우리들은 걷다가 피곤할 때,
벤치에 앉아서 이야기할 수 있다. _____

❸ 그는 아주 흰 짧은 머리를 하고 있다. _____

❹ 이 공원은 한번 가 볼 만하다. _____

❺ 그녀는 매일 매우 즐겁게 생활한다. _____

다음 질문에 대해 개요를 작성해 보고, 실제 시험처럼 말해 보세요.  **CD 03**

Q. 请讲一讲你最尊敬的人。他长得怎么样？请详细讲一讲。

당신이 가장 존경하는 인물에 대해 말해 보세요. 그 인물은 어떻게 생겼나요? 자세하게 말해 보세요.

Day 2
세부설명 및 경험 말하기

학습목표

① OPIc의 말하기 유형 중 세부설명과 경험 말하기를 공략합니다.

② 음악 감상에 대해 다방면으로 설명하는 방법을 학습합니다.

③ 조깅을 주제로, 기억에 남는 경험을 말하는 방법을 학습합니다.

Day2 세부설명 및 경험 말하기 음악 감상/조깅

📝 세부설명 및 경험 말하기란?

OPIc의 문제 유형 중, '세부설명'은 주로 '(어떤 일에 대해) 시간의 순서/과정/방법/이유를 설명하세요.'와 같은 질문이 주어집니다. 경험에 대해 설명할 때는 사건이 일어난 과거의 때를 정확하게 표현하고, 기억에 남는 이유와 그에 대한 느낌이나 생각을 순차적으로 말하는 것이 좋습니다.

📝 응답 길잡이

1 세부설명하기(사실이나 상황 설명)

❶ 질문의 의문사(什么时候，怎么，为什么……)에 대해 응답

Q. 什么时候听音乐? 언제 음악을 듣습니까?

A. 我平时睡觉以前或者早上起床以后听音乐。
저는 평소에 잠을 자기 전 또는 아침에 일어난 후에 음악을 듣습니다.

Q. 在哪儿听? 怎么听? 어디서 (음악을) 듣나요? 어떻게 듣나요?

A. 在家的时候用电脑听音乐。 집에 있을 때는 컴퓨터로 음악을 듣습니다.

❷ 시간의 순서나 단계별로 설명, 자신의 생각 표현

第一次买到MP3的时候，太高兴了，因为在哪儿都能听我喜欢的音乐。
처음 MP3를 샀을 때 매우 기뻤습니다. 왜냐하면 어디에서든 제가 좋아하는 음악을 들을 수 있기 때문입니다.

사건 설명; MP3를 샀다 → 사건 후 감정; 매우 기뻤다 → 감정의 이유; 어디서나 음악을 들을 수 있기 때문에

2 기억에 남는 경험 말하기

❶ 과거의 사건이 일어난 때

有一天，我跑步的时候，两只狗跟我跑来了。 어느 날, 제가 조깅할 때, 두 마리의 개가 저를 따라왔습니다.

❷ 사건이 기억에 남는 이유, 그에 대한 느낌이나 생각

虽然妈妈批评我，但是我很喜欢动物，一直肯照顾它们。
비록 어머니께서는 저를 혼내셨지만, 저는 동물을 좋아해서 계속해서 그들을 기꺼이 돌보려 합니다.

OPIc의 주제 중 음악 감상과 조깅에 관한 설명에 유용한 단어입니다.

◆ 음악 감상

음악 감상하는 때

早上 zǎoshang 아침 | 晚上 wǎnshang 저녁 | 早晨 zǎochén 새벽 | 周末 zhōumò 주말 | 每天 měitiān 매일 | 整天 zhěngtiān 온종일 | 白天 báitiān 낮 | 运动 yùndòng 운동하다 | 上下班 shàngxiàbān 출퇴근 | 旅行 lǚxíng여행하다 | 睡觉 shuìjiào 잠자다

음악 감상하는 장소와 방법

房间 fángjiān 방 | 公司 gōngsī 회사 | 办公室 bàngōngshì 사무실 | 网吧 wǎngbā PC방 | 咖啡厅 kāfēitīng 커피숍 | 地铁 dìtiě 지하철 | 路上 lùshang 길 | 外边 wàibian 바깥 | 下载 xiàzǎi 다운로드하다 | 光盘 guāngpán CD | 上网 shàngwǎng 인터넷하다 | 耳机 ěrjī 이어폰 | 存 cún 저장하다

음악 기기 및 사용 느낌

电脑 diànnǎo 컴퓨터 | 手机 shǒujī 휴대전화 | MP3 mpsān MP3 | 收音机 shōuyīnjī 라디오 | 音响 yīnxiǎng 오디오 | 必需品 bìxūpǐn 필수품 | 博客 bókè 블로그 | 便宜 piányi (가격이) 저렴하다 | 方便 fāngbiàn 편리하다 | 免费 miǎnfèi 무료로 하다 | 感觉 gǎnjué 감각, 느낌 | 轻松 qīngsōng 편안하다 | 失望 shīwàng 실망하다

◆ 조깅

과거의 때

以前 yǐqián 예전 | 去年 qùnián 작년 | 前年 qiánnián 재작년 | 昨天 zuótiān 어제 | 第二天 dì'èrtiān 이튿날, 둘째 날 | 小学 xiǎoxué 초등학교 | 中学 zhōngxué 중고등학교['初中(중학교)'과 '高中(고등학교)'을 합쳐서 부르는 말] | 大学 dàxué 대학교 | 春天 chūntiān 봄 | 夏天 xiàtiān 여름 | 秋天 qiūtiān 가을 | 冬天 dōngtiān 겨울 | 两个月 liǎng ge yuè 두 달

조깅 중 발생한 상황 설명

走路 zǒulù 길을 걷다 | 摔倒 shuāidǎo 넘어지다 | 发现 fāxiàn 발견하다 | 迷路 mílù 길을 잃다 | 头晕 tóuyūn 어지럽다 | 吵 chǎo 시끄럽다 | 安静 ānjìng 조용하다 | 突然 tūrán 갑자기 | 发生 fāshēng 발생하다 | 听见 tīngjiàn 들리다 | 声音 shēngyīn 소리 | 看到 kàndào 보게 되다

기억에 남는 경험 소개 및 개인적 생각

求婚 qiúhūn 청혼하다 | 帮助 bāngzhù 돕다 | 照相 zhàoxiàng 사진을 찍다 | 上演 shàngyǎn 공연하다 | 碰见 pèngjiàn 우연히 만나다 | 害怕 hàipà 무섭다 | 兴奋 xīngfèn 기쁘다 | 幸福 xìngfú 행복하다 | 吃惊 chījīng 놀라다 | 相信 xiāngxìn 믿다 | 着急 zháojí 조급해하다 | 忘不了 wàngbuliǎo 잊을 수 없다 | 难忘 nánwàng 잊기 어렵다

01 除非~，否则~ 반드시 ~해야 한다. 그렇지 않으면 ~하다

除非听音乐，否则我睡不着。

음악을 듣지 않으면, 나는 잠을 잘 수 없다.(잠이 들지 않는다)

'除非'는 '否则'와 호응하여 '반드시 ~해야 한다. 그렇지 않으면 ~하다'라는 뜻을 나타냅니다. '除非' 뒤에는 유일한 조건이 와야 하고, 호응구인 '否则'대신 '不然'을 사용할 수도 있습니다.

- 除非打五折，不然我就不买。 50퍼센트 세일을 해야지, 그렇지 않으면 나는 사지 않을 것이다.
- 除非你去，否则我也不能去。 당신이 가야지, 그렇지 않으면 나도 갈 수가 없다.
- 除非你请客，否则他不会来的。 네가 한턱내야지, 그렇지 않으면 그는 오지 않을 것이다.
- 除非有充分的理由，否则谁也不会同意的。
충분한 이유가 있어야지, 그렇지 않으면 누구도 동의하지 않을 것이다.

02 A比B+술어+得多 A가 B보다 훨씬 (술어)하다

在网上下载比在商店买光盘便宜得多。

인터넷에서 다운로드를 받는 것이 상점에서 CD를 사는 것보다 훨씬 저렴하다.

'A比B+술어+得多'는 비교 결과의 차이가 매우 큼을 나타내는 표현입니다. 비교 구문이므로 정도의 심함을 나타내는 '非常'과 같은 정도부사는 사용할 수 없습니다. 비교 결과의 차이가 많이 나지 않을 때는 '得多' 대신 '一点儿', '一些'를 쓰기도 합니다.

- 这个比那个贵一点儿。 이것은 저것보다 조금 비싸다.
- 这家饭馆比那家饭馆好吃得多。 이 음식점은 저 음식점보다 훨씬 맛있다.
- 坐火车比坐船方便得多。 기차를 타는 것은 배를 타는 것보다 훨씬 편리하다.
- 他的能力比我强得多。 그의 능력은 나의 능력보다 훨씬 강하다.

03 好像~似的 마치 ~과 같다

两只狗好像是妈妈和孩子似的。
두 마리의 개는 마치 어미와 새끼인 것 같다.

'好像~似的'는 '마치 ~과 같다'라는 뜻으로 추측이나 비유를 나타내는 표현입니다. 비유의 의미로 쓸 때는 '好像~一样', '好像~一般'으로 바꾸어 표현할 수도 있습니다.

- 那儿的风景好像画儿一样。 그곳의 풍경은 마치 그림과 같다.
- 他好像有点儿紧张似的。 그는 조금 긴장한 것 같다.
- 这个故事好像在书上看过似的。 이 이야기는 마치 책에서 본 적이 있는 것 같다.
- 我好像感冒了似的。 나는 감기에 걸린 것 같다.

04 肯~ 기꺼이 ~하다

一直肯照顾它们。
계속해서 기꺼이 그들을 돌봐 주려 한다.

'肯'은 조동사로, '기꺼이 ~하다'라는 뜻을 나타냅니다. 어떤 요구나 요청을 받아들이고, 그에 따라 기쁜 마음으로 동작을 행함을 강조합니다. '肯' 뒤에 동사구가 올 때는 앞에 부사를 붙여 사용할 수도 있습니다.

- 我们很肯动脑筋。 우리들은 기꺼이 무척이나 머리를 쓰려고 한다.
- 她肯教我们汉语。 그녀는 기꺼이 우리들에게 중국어를 가르쳐 주려 한다.
- 爸爸肯为我们花所有钱。 아빠는 우리들에게 기꺼이 돈을 모두 쓰려 하신다.
- 我肯给妈妈买衣服。 나는 기꺼이 어머니께 옷을 사 드리려 한다.

다음 질문에 아래와 같이 자신의 상황에 맞게 생각을 제시하고 개요를 작성한 후, 말해 보세요. **CD 05**

Q. 什么时候听音乐? 在哪儿听? 怎么听? 请详细讲一讲。

당신은 언제 음악을 듣나요? 어디에서 음악을 듣나요? 어떻게 음악을 듣는지 자세하게 설명해 주세요.

생각 제시(Brainstorming)

음악을 들을 때의 느낌
음악을 듣는 때
음악을 듣는 장소
음악감상에 대한 나의 생각
음악 감상
좋아하는 음악
음악을 듣는 기기

구도 잡기(Story Map)

도입(Intro)

음악에 대한 개론 : --

전개(Body)

언제(음악 듣는 때) : --

어디서(음악 듣는 장소) : --

어떻게(이용 기기) : --

부연설명 : --

마무리(Closing)

음악 감상에 대한 개인적인 생각 : --

1 다음 문장을 읽고 한글 단어를 중국어로 알맞게 써 보세요.

❶ 有时候去 <u>여행하다</u>、出门的时候,
在火车、公共汽车, <u>지하철</u> 里很喜欢听音乐。　　→

❷ 我最近偶尔买光盘,
但是在网上 <u>다운로드하다</u> 比在商店买光盘便宜得多。　　→

❸ 两只狗好像是妈妈和孩子似的, 而且看起来它们 <u>길을 잃다</u> 了。　　→

❹ 我回我家去 <u>가져오다</u> 水和吃的。　　→

❺ <u>이튿날</u> 也那两只狗跟我跑来了。　　→

2 다음 중국어 문장을 해석해 보세요.

❶ 这个故事好像在书上看过似的。

❷ 除非你请客, 否则他不会来的。

❸ 这家饭馆比那家饭馆好吃得多。

❹ 我肯给妈妈买衣服。

❺ 我好像感冒了似的。

3 다음 문장을 중국어로 바꾸어 말해 보세요.

❶ 두 마리의 개는 마치 어미와 새끼인 것 같다.

❷ 계속해서 기꺼이 그들을 돌봐 주려 한다.

❸ 꼭 음악을 들어야 한다.
그렇지 않으면 나는 잠이 들지 않는다.

❹ 인터넷에서 다운로드를 받는 것이
상점에서 CD를 사는 것보다 훨씬 저렴하다.

❺ 아빠는 우리들에게 기꺼이 돈을 모두 쓰려 하신다.

다음 질문에 대해 개요를 작성해 보고, 실제 시험처럼 말해 보세요. **CD 06**

Q. 有没有难忘的跑步经历？什么时候？请讲一讲最难忘的跑步经历。

기억에 남는 조깅 경험이 있나요? 있다면 언제였나요? 그때의 경험에 대해 자세히 설명해 보세요.

Day3
인과관계

학습목표

❶ OPIc의 말하기 유형 중 인과관계에 대한 표현을 공략합니다.

❷ 영화를 주제로, 인과관계에 따라 표현하는 법을 학습합니다.

❸ 수영을 주제로, 인과관계에 따라 표현하는 법을 학습합니다.

Day3 인과관계 영화/수영

인과관계란?

인과관계는 원인과 결과를 가리킵니다. 인과관계를 나타낼 때는 원인을 나타내는 문장과 결과를 나타내는 문장이 매끄럽게 연결되도록 접속사(连词)나 관련사(关联词)를 효율적으로 활용하는 것, 원인과 결과를 논리적으로 구성하여 말하는 것이 중요합니다.

응답 길잡이

1 문장의 논리적 전개

- **접속사 활용**

  相对于在家看电影，我更喜欢去电影院看电影，因为在电影院看电影能感受到逼真的表演。
  집에서 영화를 보는 것보다 저는 영화관에서 영화를 보는 것을 더 좋아합니다. 왜냐하면 영화관에서 영화를 보면 실감 나는 연기를 느낄 수 있기 때문입니다.

  由于天气不好，所以飞机没有按时到达。 날씨가 좋지 않아서 비행기는 제시간에 도착하지 못했습니다.

2 문장의 논리적 구성

- **원인과 결과의 유기적인 구성, 결과의 장점 부각**

  我喜欢游泳是因为一来对身体有很多好处，二来能减肥，三来可以舒缓心情。
  제가 수영을 좋아하는 것은 첫째, 몸에 매우 좋고, 둘째, 다이어트를 할 수 있고, 셋째, 마음을 편안하게 할 수 있기 때문입니다.

원인		결과	
❶ 몸에 좋다			
❷ 다이어트	결과	수영을 좋아함	
❸ 마음을 편안하게			

  夏天在游泳场游泳能过得很凉快，可以降暑，所以游泳场是我最喜欢的地方。
  여름에 수영장에서 수영을 하면 시원하게 보내고 더위도 식힐 수 있습니다. 그래서 수영장은 제가 가장 좋아하는 곳입니다.

원인		결과	
❶ 시원함			
❷ 더위 식힘	결과	수영장을 좋아함	

OPIc의 주제 중 영화와 수영에 관한 말하기에 유용한 단어입니다.

◆ 영화

좋아하는 영화 장르

爱情片 àiqíngpiàn 멜로영화 | 动作片 dòngzuòpiàn 액션영화 | 喜剧片 xǐjùpiàn 코미디영화 | 浪漫喜剧片 làngmànxǐjùpiàn 로맨틱코미디영화 | 科幻片 kēhuànpiàn SF영화 | 恐怖片 kǒngbùpiàn 공포영화 | 动画片 dònghuàpiàn 만화영화, 애니메이션 | 武打片 wǔdǎpiàn 무협영화 | 纪录片 jìlùpiàn 다큐멘터리 | 冒险片 màoxiǎnpiàn 어드벤처영화 | 歌舞片 gēwǔpiàn 뮤지컬영화 | 短片 duǎnpiàn 단편영화

영화를 좋아하는 이유(원인)

感动 gǎndòng 감동하다 | 愉快 yúkuài 유쾌하다 | 大笑 dàxiào 크게 웃다 | 痛快 tòngkuài 통쾌하다 | 有意思 yǒuyìsi 재미있다 | 主人公 zhǔréngōng 주인공 | 导演 dǎoyǎn 감독 | 感兴趣 gǎn xìngqù 흥미 있다 | 有益 yǒuyì 유익하다 | 逃避 táobì 도피하다

영화에 대한 느낌 및 생각(결과)

压力 yālì 스트레스 | 缓解 huǎnjiě 완화되다, 느슨해지다 | 反省 fǎnxǐng 반성하다 | 教训 jiàoxùn 교훈적이다 | 爽快 shuǎngkuai 상쾌하다 | 勇气 yǒngqì 용기 | 取得 qǔdé 얻다 | 外语 wàiyǔ 외국어 | 文化 wénhuà 문화 | 变成 biànchéng ~로 변하다 | 逼真 bīzhēn 실감 나다

◆ 수영

수영에 대한 개인적 의견

健康 jiànkāng 건강하다 | 好处 hǎochù 좋은 점 | 受伤 shòushāng 상처를 입다 | 消耗 xiāohào 소모하다 | 锻炼 duànliàn 단련하다 | 保持 bǎochí 유지하다 | 男女老少 nánnǚ lǎoshào 남녀노소 | 方法 fāngfǎ 방법 | 全身 quánshēn 전신 | 游泳场 yóuyǒngchǎng 수영장 | 海边 hǎibiān 해변

수영을 좋아하는 이유(원인)

身体 shēntǐ 몸, 신체 | 舒服 shūfu 편안하다 | 凉快 liángkuai 시원하다 | 闷热 mēnrè 무덥다 | 体重 tǐzhòng 체중 | 休息 xiūxi 쉬다 | 效果 xiàoguǒ 효과 | 劲儿 jìnr 기운 | 方式 fāngshì 방식 | 负担 fùdān 부담

수영의 장점(결과)

情绪 qíngxù 정서 | 心情 xīnqíng 마음 | 心态 xīntài 마음 상태 | 降暑 jiàngshǔ 더위를 식히다 | 身材 shēncái 몸매 | 苗条 miáotiao 날씬하다 | 减肥 jiǎnféi 다이어트하다 | 轻松 qīngsōng 홀가분하다 | 太度 tàidù 태도 | 乐观主义 lèguān zhǔyì 낙관주의

01 对〜感兴趣 〜에 대해 흥미가 있다

我对动作片很感兴趣。
나는 액션영화에 관심이 있다.

'对'는 '〜에 대하여', '〜에 관하여'라는 뜻의 개사로, '感兴趣'와 함께 쓰여 '〜에 대해 흥미가 있다', '〜에 관심을 느끼다'라는 의미를 나타냅니다. '对〜有兴趣'로 바꾸어 쓸 수도 있습니다.

- 我对这个问题有很大的兴趣。 나는 이 문제에 관해 아주 큰 관심을 가지고 있다.
- 我对中国电影很感兴趣。 나는 중국영화에 흥미가 있다.
- 他们对运动不感兴趣。 그들은 운동에 관심이 없다.
- 她对汉语非常感兴趣。 그녀는 중국어에 아주 큰 관심이 있다.

02 一〜就… 〜만 하면 …하다

我一看动作片就觉得特别过瘾。
나는 액션영화를 보기만 하면 아주 통쾌해지는 것 같다.

'一〜就…'는 조건관계로, 어떤 상황이 발생하기만 하면 곧 다른 상황이 이어서 나타나는 것을 강조합니다. 그리고 '〜하자마자 …하다'라는 의미로, 어떤 동작이 연이어서 발생하는 것을 나타낼 때도 '一〜就…'를 쓸 수 있습니다.

- 我一回家就睡觉了。 나는 집에 돌아가자마자 바로 잠을 잤다.
- 他一感冒就头疼。 그는 감기만 걸렸다 하면 머리가 아프다.
- 我一听到他的声音就高兴。 나는 그의 목소리만 들었다 하면 기쁘다.
- 我一喝牛奶就肚子疼。 나는 우유만 마셨다 하면 배가 아프다.

03 越来越 점점, 더욱

我的身体突然越来越胖了。
내 몸이 갑자기 점점 뚱뚱해졌다.

'越来越'는 시간이 지남에 따라 정도가 증가하는 것을 나타냅니다. 비슷한 형태로 '越~越···'가 있습니다. '~할수록 ···하다'라는 의미로, 앞의 상황에 따라 뒤의 상황의 정도가 심해짐을 나타내는 표현입니다.

- 我觉得汉语越学越有意思。　나는 중국어를 배우면 배울수록 재미있다고 생각한다.
- 我们的关系越来越好了。　우리들의 관계는 점점 더 좋아졌다.
- 天气越来越冷了。　날씨가 점점 추워진다.
- 她变得越来越漂亮。　그녀는 점점 예뻐진다.

04 随着~ ~에 따라

随着体重的增加，我全身不好了。
체중이 증가하면서 내 온몸이 안 좋아졌다.

'随着'는 '随着~, (결과)'의 형태로 쓰여, 변화·발전·개선 등에 따라 어떠한 결과가 나타나는 것을 표현합니다. 때로는 부사로 쓰여 '즉시', '곧'이라는 의미로 사용되기도 합니다.

- 随着派人去迎接。　즉시 사람을 보내어 영접을 하게 했다.
- 随着社会的发展，语言也有变化了。　사회의 발전에 따라 언어에도 변화가 생겨났다.
- 随着时间的推移，他的病越来越好了。　시간의 흐름에 따라 그의 병은 점점 좋아졌다.
- 随着经济的发展，人们的生活水平也提高了。　경제가 발전함에 따라 사람들의 생활수준도 향상되었다.

다음 질문에 아래와 같이 자신의 상황에 맞게 생각을 제시하고 개요를 작성한 후, 말해 보세요.

Q. 调查中表明你喜欢看电影。你喜欢什么样的电影？为什么喜欢？请说明一下。

조사에서 당신은 영화 보는 것을 좋아한다고 했습니다. 어떤 종류의 영화를 즐겨 보고, 왜 그것을 좋아하는지 그 이유를 설명해 보세요.

생각 제시(Brainstorming)

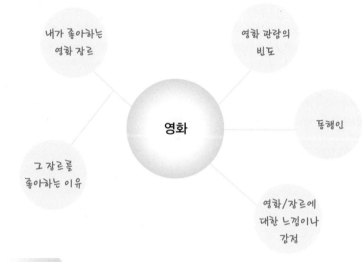

내가 좋아하는 영화 장르

영화 관람의 빈도

영화

동행인

그 장르를 좋아하는 이유

영화/장르에 대한 느낌이나 감정

구도 잡기(Story Map)

도입(Intro)

영화에 대한 개론 : --

전개(Body)

영화를 보는 빈도 : --

동행인 : --

자주 관람하는 장르 : --

마무리(Closing)

영화 관람에 대한 개인적인 생각 : --

1 다음 문장을 읽고 한글 단어를 중국어로 알맞게 써 보세요.

❶ 因为在电影院看电影能感受到 <u>실감 나다</u> 的表演。　　→

❷ 我一看动作片就觉得特别过瘾，所有的 <u>스트레스</u> 都没了。　　→

❸ 现在身材很 <u>날씬하다</u>，而且更健康了。　　→

❹ 夏天在游泳场游泳能过得很 <u>시원하다</u>，可以 <u>더위를 식히다</u>。　　→

❺ 我喜欢游泳是因为一来对身体有很多好处，
　二来能 <u>다이어트하다</u>，三来可以舒缓心情。　　→

2 다음 중국어 문장을 해석해 보세요.

❶ 我们的关系越来越好了。

❷ 他一感冒就头疼。

❸ 随着经济的发展，人们的生活水平也提高了。

❹ 他们对运动不感兴趣。

❺ 她变得越来越漂亮。

3 다음 문장을 중국어로 바꾸어 말해 보세요.

❶ 내 몸이 갑자기 점점 뚱뚱해졌다.

❷ 나는 액션영화에 관심이 있다.

❸ 체중이 증가하면서, 내 온몸이 안 좋아졌다.

❹ 나는 액션영화를 보기만 하면 아주 통쾌해지는 것 같다.

❺ 나는 중국영화에 흥미가 있다.

다음 질문에 대해 개요를 작성해 보고, 실제 시험처럼 말해 보세요. **09**

Q. 调查中表明你喜欢游泳。为什么喜欢？请说明一下。

조사에서 당신은 수영을 좋아한다고 답했습니다. 수영을 왜 좋아하는지 설명해 보세요.

Day4

비교와 대조

학습목표

1. OPlc의 말하기 유형 중 비교와 대조를 공략합니다.

2. 패션을 주제로, 주중과 주말의 패션을 비교 · 대조하는 표현을 학습합니다.

3. 주거지를 주제로, 어렸을 때와 현재의 주거지를 비교 · 대조하는 표현을 학습합니다.

Day4 비교와 대조 패션/주거지

비교와 대조란?

비교와 대조는 두 가지 이상의 사물·의견·상황을 견주어서 유사점이나 차이점 등을 밝히는 것입니다. 단순한 설명으로 끝나는 것이 아니라, 유사점이나 차이점을 부각시켜 표현하는 것이 중요합니다.

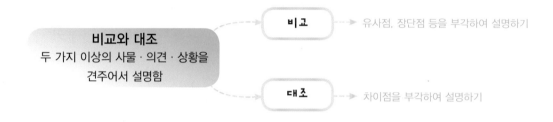

비교와 대조
두 가지 이상의 사물·의견·상황을
견주어서 설명함

비교 ➝ 유사점, 장단점 등을 부각하여 설명하기

대조 ➝ 차이점을 부각하여 설명하기

응답 길잡이

1 비교하기

❶ 유사점 설명

见朋友吃饭、喝咖啡、聊天儿的时候跟平时差不多一样，穿休闲服。
친구들을 만나서 밥을 먹고 차를 마시고 이야기를 할 때는 평소와 거의 비슷하게 캐주얼 복장으로 입습니다.

❷ 장단점 설명

我家住在市中心，交通比小时候的家更方便。
우리 집은 시내에 있어서 어렸을 때의 집보다 비교적 편리합니다.

2 대조하기

❶ 차이점 설명

但是周末跟平时不一样，跟男朋友有约会的时候，我尽量要穿连衣裙、迷你裙，穿高跟鞋。
그러나 주말에는 평소와는 다릅니다. 남자 친구와 약속이 있을 때는 저는 되도록이면 원피스나 미니스커트를 입고, 하이힐을 신습니다.

小时候的房子跟现在的房子不一样，但都是充满欢乐，幸福的空间。
어렸을 때의 집은 지금의 집과 다르지만, 모두 즐거움이 가득하고 행복한 공간입니다.

OPIc의 주제 중 패션과 주거지에 관한 말하기에 유용한 단어입니다.

◆ 주중 패션과 주말 패션 비교와 대조

패션 관련 단어

休闲服 xiūxiánfú 캐주얼 복장 | 连衣裙 liányīqún 원피스 | 牛仔裤 niúzǎikù 청바지 | 高跟鞋 gāogēnxié 하이힐 | 皮鞋 píxié 구두 | 上学 shàngxué 등교하다 | 上下班 shàngxiàbān 출퇴근하다 | 学习 xuéxí 공부하다 | 工作 gōngzuò 일하다 | 制服 zhìfú 제복 | 运动服 yùndòngfú 운동복 | 短裤 duǎnkù 짧은 바지 | T恤衫 Txùshān T셔츠 | 毛衣 máoyī 스웨터 | 紧身牛仔裤 jǐnshēn niúzǎikù 스키니진 | 直筒牛仔裤 zhítǒng niúzǎikù 일자청바지 | 平底鞋 píngdǐxié 플랫슈즈, 굽이 낮은 신발 | 帽子 màozi 모자 | 约会 yuēhuì 약속 | 运动 yùndòng 운동

특별한 날의 패션 관련 단어

正装 zhèngzhuāng 정장 | 领带 lǐngdài 넥타이 | 围巾 wéijīn 스카프, 목도리 | 靴子 xuēzi 부츠 | 式样 shìyàng 스타일 | 别致 biézhì 독특하다 | 赶时髦 gǎn shímáo 유행을 따르다 | 婚礼 hūnlǐ 결혼식 | 聚会 jùhuì 모임 | 参加 cānjiā 참가하다 | 讲究 jiǎngjiu ~을 중시하다, ~에 신경을 쓰다 | 搭配 dāpèi 코디네이션하다, 조합하다

◆ 어렸을 때의 주거지와 현재의 주거지 비교와 대조

주거지 관련 단어

郊区 jiāoqū 교외 | 平房 píngfáng 단층집 | 楼房 lóufáng 복층 | 三楼 sānlóu 3층 | 房间 fángjiān 방 | 厨房 chúfáng 부엌 | 客厅 kètīng 거실 | 安静 ānjìng 조용하다 | 空气 kōngqì 공기 | 新鲜 xīnxiān 신선하다 | 风景 fēngjǐng 풍경 | 市中心 shìzhōngxīn 시내 | 公寓 gōngyù 아파트 | 别墅 biéshù 빌라, 별장 | 阳台 yángtái 베란다 | 书房 shūfáng 서재 | 家庭影院 jiātíng yǐngyuàn 홈시어터 | 交通 jiāotōng 교통 | 舒服 shūfu 편안하다 | 方便 fāngbiàn 편리하다 | 干净 gānjìng 깨끗하다 | 雅致 yǎzhì 우아하다

주거지에 대한 느낌 및 감상

美 měi 아름답다 | 朴素 pǔsù 소박하다 | 漂亮 piàoliang 예쁘다 | 不算 búsuàn ~인 편은 아니다 | 远 yuǎn 멀다 | 近 jìn 가깝다 | 充满 chōngmǎn 충만하다 | 幸福 xìngfú 행복하다 | 深爱 shēn'ài 깊이 사랑하다 | 欢乐 huānlè 즐겁다 | 温馨 wēnxīn 아늑하다 | 空间 kōngjiān 공간

01 得 ~해야 한다

平时我得去学校，所以常常穿很舒服的衣服。

평소에 나는 학교에 가야 해서 편안한 옷을 자주 입는다.

'得'는 의지나 도리상의 필요를 나타낼 때 사용하는 조동사로, '~해야 한다'라는 의미를 가집니다. '~할 필요가 없다'라고 부정형으로 나타낼 때는 '不用+동사'로 표현합니다.

· 今天我不用去学校。 오늘 나는 학교에 갈 필요가 없다.
· 时间太晚了，我得回家了。 시간이 너무 늦어서 나는 집에 돌아가야 한다.
· 你想取得好成绩就得努力学习。 네가 좋은 성적을 받고 싶다면 열심히 공부해야 한다.
· 今天我得早一点儿下班。 오늘 나는 조금 일찍 퇴근해야 한다.

02 管它~, 只要… ~이든 아니든 …하기만 하면 된다

那时候，管它过时不过时，只要穿起来合适就行。

그때는 유행이 지나든 지나지 않았든 간에 입어서 맞기만 하면 된다.

'管它~, 只要…'는 '管它+(상황), 只要+(조건·바람)'의 형태로 써서 상황이 어떠하든 조건만 갖추면 상관없다는 의미를 나타냅니다. 이 표현은 순서를 바꾸어서 '只要…, 管它~'로 표현할 수도 있습니다.

· 只要能学会普通话就行，管它是在北京还是在上海。
  표준어를 잘 배워서 할 줄만 알면 되는 것이지, 베이징이든 상하이든 상관없다.
· 管它有多难，只要努力就能学好。 얼마나 어려운지에 관계없이, 노력하기만 하면 잘 배울 수 있다.
· 管它贵不贵，只要父母喜欢就行。 비싸든 안 비싸든 상관없이, 부모님이 좋아하기만 하면 된다.
· 管它质量怎么样，只要便宜就行。 품질이 어떻든 관계없이, 가격이 싸기만 하면 된다.

03 再~不过了 더없이 ~하다, 가장 ~하다

那时候我家在郊区，那里的风景再美不过了。
그때 우리 집은 교외에 있었는데, 그곳의 풍경은 더없이 아름다웠다.

'再~不过了'는 '더없이 ~하다', '가장 ~하다'라는 뜻으로, 비교되는 사물이나 일의 정도가 가장
최고임을 나타내는 표현입니다. '再' 대신에 '最'를 사용할 수도 있습니다.

- 这里的菜最好吃不过了。 이곳의 음식은 더없이 맛있다.
- 你穿上这条裤子再好看不过了。 네가 입은 이 바지는 더없이 보기 좋다.
- 他们真是再聪明不过了。 그들은 더할 나위 없이 정말 똑똑하다.
- 我一个人再辛苦不过了。 나 혼자서 더없이 고생스러웠다.

04 虽然~，但是… 비록 ~이지만 …하다

房子虽然不是特别大，但是很舒服。
집은 비록 그리 크지는 않지만, 매우 편안하다.

'虽然~, 但是…'는 '비록 ~이지만 …하다'라는 의미를 나타냅니다. '虽然'은 주어 앞뒤에 모두
위치할 수 있고, '但是' 대신 '可是', '却是'를 쓸 수도 있습니다.

- 他虽然工作太忙，可是每天运动。 그는 비록 일은 매우 바쁘지만 매일 운동을 한다.
- 虽然下雪，但是天气不冷。 눈이 내리기는 하지만 날씨는 춥지 않다.
- 他的病虽然好了，但是还得多休息。 그의 병은 비록 좋아졌지만 아직 더 많이 쉬어야 한다.
- 虽然我们见过面，但是不熟。 비록 우리들은 만난 적은 있지만 잘 알지는 못한다.

다음 질문에 아래와 같이 자신의 상황에 맞게 생각을 제시하고 개요를 작성한 후, 말해 보세요. CD 11

Q. 平时或者周末常穿什么样的衣服？请比较一下平时穿的和周末穿的衣服式样。

주중과 주말에 어떤 종류의 옷을 입나요? 주중 패션과 주말 패션의 스타일에 대해 비교하세요.

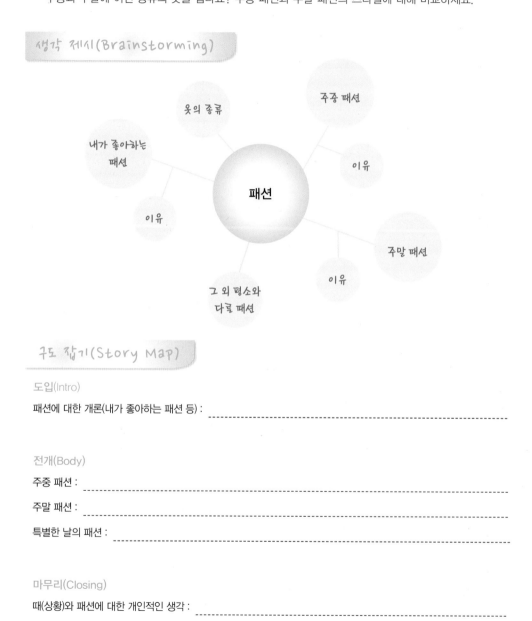

생각 제시(Brainstorming)

구도 잡기(Story Map)

도입(Intro)

패션에 대한 개론(내가 좋아하는 패션 등) : ---

전개(Body)

주중 패션 : ---

주말 패션 : ---

특별한 날의 패션 : ---

마무리(Closing)

때(상황)와 패션에 대한 개인적인 생각 : ---

연습문제

1 다음 문장을 읽고 한글 단어를 중국어로 알맞게 써 보세요.

❶ 比如，穿 <u>청바지</u>、T恤衫，戴 <u>모자</u>，穿运动鞋。 →

❷ 有时候参加婚礼或者 <u>모임</u> 的时候，得穿 <u>정장</u>。 →

❸ 二楼有我和我妹妹，弟弟的 <u>방</u>、书房还有卫生间。 →

❹ 小时候的房子跟现在的房子不一样，
但都是 <u>충만하다</u> 欢乐，<u>행복하다</u> 的空间。 →

❺ 我们夫妻的房间不算大，很简单，但很 <u>우아하다</u>。 →

2 다음 중국어 문장을 해석해 보세요.

❶ 管它贵不贵，只要父母喜欢就行。

❷ 虽然我们见过面，但是不熟。

❸ 你想取得好成绩就得努力学习。

❹ 他们真是再聪明不过了。

❺ 管它有多难，只要努力就能学好。

3 다음 문장을 중국어로 바꾸어 말해 보세요.

❶ 집이 비록 그리 크지는 않지만, 매우 편안하다.

❷ 평소에 나는 학교에 가야 해서,
편한 옷을 자주 입는다.[조동사 '得 děi'사용]

❸ 그때는 유행이 지나든 지나지 않았든 간에
입어서 맞기만 하면 된다.

❹ 그때 우리 집은 교외에 있었는데,
그곳의 풍경은 더없이 아름다웠다.

❺ 네가 입은 이 바지는 더없이 보기 좋다.

다음 질문에 대해 개요를 작성해 보고, 실제 시험처럼 말해 보세요. 🎧**12**

Q. **请比较一下小时候住的房子和现在住的房子。**

어렸을 때 살았던 집과 현재 살고 있는 집을 비교하세요.

Day5

롤플레이

학습목표

① OPIc의 문제 유형 중 롤플레이를 공략합니다.

② 외식에 관한 주제로 롤플레이 유형의 문제를 학습합니다.

③ 스포츠에 관한 주제로 롤플레이 유형의 문제를 학습합니다.

Day5 롤플레이 외식/스포츠

📝 롤플레이란?

롤플레이는 문제에서 상황을 설정해 주면 그 상황에 맞게 연기를 하는 '역할극'입니다. 면접관에게 질문하는 유형과 메시지를 남기거나 대안을 제시하는 유형이 있습니다. 상황을 잘 이해하고 그 상황에 맞게 질문하거나 적절한 대안을 제시하여 생동감 있게 자연스럽게 표현하는 것이 중요합니다.

- ❶ 면접관에게 3~4가지 질문하기 :
  단순 요점만 질문하기, 인터뷰 형식으로 질문하기
- ❷ 문제에서 설정된 특정 상황에서 특정인에게
  3~4가지 질문하기

- ❶ 상황을 설명하며 전화 메시지 남기기
- ❷ 대안을 제시하며 문제 해결하기

📌 응답 길잡이

1 질문하기

❶ 면접관에게 3~4가지 질문하기

Q. 我常常去外面吃饭。请你问我3~4个问题了解我爱去的餐厅和菜。

A1. 那家餐厅在哪儿？那家的拿手菜是什么？

그 식당은 어디에 있어요? 그곳의 잘하는 요리는 무엇입니까? [단순 요점만 질문하기]

A2. 我喜欢吃很好吃的菜，能给我推荐几个好吃的菜吗？去那家餐厅需要预订吗？

저는 맛있는 요리 먹는 것을 좋아해요. 저에게 몇 가지 맛있는 요리를 추천해 주실 수 있나요? 그 음식점은 예약을 해야 하나요? [인터뷰 형식으로 질문하기]

❷ 특정 상황에서 특정인에게 3~4가지 질문하기

Q. 这个周末你打算跟朋友去看足球比赛。给朋友打电话问3~4个问题，留言一下。

A. 我想问几个问题。你想看几点的？有下午一点的和六点的，你告诉我吧。

내가 몇 가지 물어보고 싶은 것이 있어. 너는 몇 시 경기를 보고 싶니? 오후 1시와 6시 경기가 있어. 나에게 알려 줘.

2 문제 해결하기

❶ 전화 메시지 남기기

Q. 请你解决一个问题。听售票员说，票都卖光了。给朋友打电话说一下情况，然后建议解决的方法。

A. 喂，我们要订的票都卖光了。听售票员说有第二排中间的，那个座位也还行。

여보세요? 우리들이 예약하려고 했던 표가 모두 매진됐어. 매표원이 말하기를 두 번째 줄 중간 자리가 있는데, 그런대로 괜찮대.

❷ 대안을 제시하며 문제 해결하기

Q. 听餐厅的职员说，座位都坐满了。给妈妈打电话说一下情况，然后建议解决的方法。

A. 我刚给餐厅打电话，位子都坐满了。我打算预订别的餐厅，可以吗？

제가 방금 식당에 전화를 했는데, 자리가 모두 찼어요. 제가 다른 식당을 예약하려고 하는데, 괜찮으시겠어요?

OPIc의 주제 중 외식과 스포츠에 대한 말하기에 유용한 단어입니다.

◆ 외식

음식점의 위치, 종류 등 관련 단어

哪儿 nǎr 어디 | 常常 chángcháng 자주 | 外面 wàimian 밖 | 特餐 tècān 특별 요리 | 菜单 càidān 메뉴 | 推荐 tuījiàn 추천하다 | 中餐厅 zhōngcāntīng 중식 레스토랑 | 西餐厅 xīcāntīng 서양식 레스토랑 | 日餐厅 rìcāntīng 일식 레스토랑 | 停车场 tíngchēchǎng 주차장

음식점 이름, 예약 등 관련 단어

喂 wèi 여보세요[구어에서는 'wéi'로 발음함] | 预订 yùdìng 예약하다 | 周末 zhōumò 주말 | 星期六 xīngqīliù 토요일 | 明晚 míngwǎn 내일 저녁 | 大厅 dàtīng 홀 | 包间 bāojiān 룸[홀이 아닌 독립적인 공간을 뜻함] | 二楼 èrlóu 2층 | 聚会 jùhuì 모임 | 营业 yíngyè 영업 | 安排 ānpái 배정하다 | 安静 ānjìng 조용하다 | 座位 zuòwèi 자리, 좌석

음식점 예약 변경, 문제 제기 등 관련 단어

修理 xiūlǐ 수리하다 | 关门 guānmén 문을 닫다, 영업을 마치다 | 取消 qǔxiāo 취소하다 | 约好 yuēhǎo 약속하다 | 更改 gēnggǎi 변경하다 | 坐满 zuòmǎn 좌석이 가득 차다 | 道歉 dàoqiàn 사과하다 | 建议 jiànyì 건의하다 | 经理 jīnglǐ 사장, 지배인

◆ 스포츠

경기 종류, 횟수 등 관련 단어

比赛 bǐsài 시합, 경기 | 棒球比赛 bàngqiú bǐsài 야구 경기 | 足球比赛 zúqiú bǐsài 축구 경기 | 一次 yí cì 한 번 | 两次 liǎng cì 두 번 | 几次 jǐ cì 몇 번 | 韩国队 Hánguó duì 한국 팀 | 中国队 Zhōngguó duì 중국 팀 | 进行 jìnxíng 진행하다 | 压力 yālì 스트레스

경기 관람, 경기 후 활동 등 관련 단어

约会 yuēhuì 약속 | 几点 jǐ diǎn 몇 시 | 上午 shàngwǔ 오전 | 下午 xiàwǔ 오후 | 开车 kāichē 운전하다 | 坐车 zuòchē 차를 타다 | 以后 yǐhòu 이후 | 结束 jiéshù 끝나다 | 打算 dǎsuan ~할 계획이다 | 餐厅 cāntīng 식당 | 送 sòng 배웅하다

경기 예매 및 변경, 문제 제기 등 관련 단어

消息 xiāoxi 소식 | 卖光 màiguāng 매진되다 | 订 dìng 예약하다 | 售票处 shòupiàochù 매표소 | 售票员 shòupiàoyuán 매표원 | 下个星期 xià ge xīngqī 다음 주 | 有名 yǒumíng 유명하다 | 决赛 juésài 결승전 | 改 gǎi 고치다 | 提前 tíqián 앞당기다 | 延期 yánqī 연기하다

01 要不 그렇지 않으면, ~하거나 아니면 ~하거나

要不在家做菜吃也行。

아니면 집에서 요리를 만들어 먹는 것도 좋다.

'要不'는 두 가지 중에 하나를 선택할 때 사용하며 상대방에 대한 권유의 의미가 담겨 있습니다. 때로는 앞에서 말한 상황이 이루어지지 않을 경우를 가정한 후, 그 결과를 이끌어 낼 때 사용하기도 합니다.

> **Tip** '要不'는 회화체에서 많이 사용하는 표현입니다. 꼭 숙지해서 자주 활용해 보세요.

- 你一定要来，要不，大家会失望的。 넌 반드시 와야 해. 그렇지 않으면 모두가 실망할 거야.
- 咱们去吃晚饭吧，要不就去看电影也行。 우리 저녁 먹으러 가자. 그렇지 않으면 영화를 보러 가는 것도 좋아.
- 今天我们吃中国菜吧，要不吃韩国菜也可以。 오늘 우리 중국 요리를 먹자. 아니면 한국 요리도 괜찮아.
- 吃晚饭后，去散步，要不喝咖啡也行。 저녁을 먹은 후, 산책을 하거나 커피를 마신다.

02 只要~，就… ~하면 …이다[조건과 결과를 나타냄]

只要喜欢中国菜就可以。

중국 요리를 좋아하면 괜찮다.

'只要A，就B'는 'A하면 B이다'라는 뜻으로 A에는 조건이, B에는 결과가 옵니다. B(결과)를 만족시키는 충분 조건의 하나가 A임을 나타내는 조건관계 구문입니다.

- 只要你不说，就没有人知道。
  너만 말 안 하면 아무도 모른다.

- 只要能提高汉语水平，我就参加。
  중국어 실력을 향상시킬 수 있으면, 나는 참가할 것이다.

- 只要努力学习，就能说得很流利。
  열심히 노력하면, 유창하게 말할 수 있다.

- 只要妈妈同意，我就去中国。
  엄마가 동의하면, 나는 중국에 가려고 한다.

> **Tip** 只要A，就B / 只有A，才B
> • 只要A，就B(A이면 B이다): B를 만족시키는 여러 가지 조건 중 하나가 A임, A′이거나 A″여도 B라는 결과가 나올 수 있음.
> • 只有A，才B(A여야 B이다): B를 만족시키는 유일한 조건이 A임, A가 아니면 B라는 결과가 나올 수 없음.
> 이 차이점에 주의하세요!

03 **결과보어 光** 아무것도 없다

我们要订的票都卖 光 了。

우리가 예약하려고 하는 표가 모두 매진되었다.

'光'은 '아무것도 없다', '하나도 남지 않다'라는 뜻의 형용사로, 동사 뒤에서 결과보어로 쓰입니다. 또한 부사로서 '오직', '단지'라는 뜻으로 쓰여 범위를 한정하는 의미로 쓰이기도 합니다.

· 我 光 买了一件毛衣。 나는 단지 한 벌의 스웨터만 샀다.

· 这个月的零用钱都花 光 了。 이번 달의 용돈을 모두 다 써 버렸다.

· 他们两个人把菜都吃 光 了。 그들 둘은 음식을 모조리 먹어 버렸다.

· 我的香水用 光 了，借你的用用吧。 내 향수는 다 썼으니, 네 것을 좀 빌려 쓰자.

04 **还是~吧** 아무래도 ~하는 것이 낫겠다

还是 下个周末看更有名的比赛 吧。

아무래도 다음 주 주말에 더 유명한 경기를 보는 편이 나을 것 같다.

'还是~吧'는 '아무래도 ~하는 것이 더 낫겠다', '그냥 ~하자'라는 뜻으로, 비교와 판단을 거쳐 상대적으로 만족스러운 쪽으로 선택하여 결정함을 나타냅니다. '还是'는 부사로서 '여전히', '아직도'의 의미를 나타내기도 합니다.

· 时间这么晚了，你 还(是) 在办公室里干什么?
  시간이 이렇게 늦었는데, 당신은 아직도 사무실에서 뭐 하는 거예요?

· 我们 还是 坐车去 吧，更快。 우리 차를 타고 가는 게 더 낫겠다. 더 빠르겠어.

· 我们 还是 买这个 吧，更便宜。 우리 이걸로 사자. 더 저렴하니까.

· 她喜欢花，还是 送她花 吧。 그녀가 꽃을 좋아하니, 아무래도 그녀에게 꽃을 선물하는 것이 좋겠다.

다음 질문에 아래와 같이 자신의 상황에 맞게 생각을 제시하고 개요를 작성한 후, 말해 보세요.

Q1. 我常常去外面吃饭。请你问我3~4个问题了解我爱去的餐厅和菜。

저는 외식을 즐겨 합니다. 제 단골 식당에 대해 좀 더 알아볼 수 있도록 3~4가지 질문을 해 보세요.

생각 제시(Brainstorming)

구도 잡기(Story Map)

- 식당 위치 : _____
- 식당 메뉴(간판 요리, 대표 메뉴 등) : _____
- 추천 음식 : _____
- 특이 사항(예약 여부, 종업원들의 친절도 등) : _____
- 편의 사항(주차 시설, 교통편 등) : _____

> **Tip**
> ❶ 면접관에게 3~4가지 질문을 해 보는 과제에서는 3~4가지가 넘어도 좋으니 다양하고 풍성하게 질문을 하는 것이 좋습니다.
> ❷ 면접관에게 질문하는 과제에서 단순히 요점만 질문할 경우, '第一, 第二, 第三……' 등의 표현을 사용하여 응답하는 것이 좋습니다. 인터뷰식으로 질문할 경우, 실제로 대화를 하는 것처럼 자연스러운 어투로 말하는 것이 중요합니다.

Q2. **我将为您提供一个情景。请表演一下。这个星期六，你打算和家人一起去你家附近的餐厅吃饭。你给餐厅打电话预订一下。**

제가 당신에게 상황을 제공하겠습니다. 이번 주 토요일에, 당신은 가족과 함께 집 근처의 식당으로 식사를 하러 갈 계획입니다. 식당으로 전화를 하여 예약을 해 보세요.

생각 제시(Brainstorming)

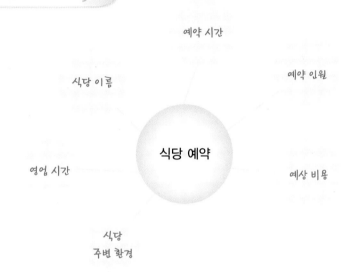

예약 시간

식당 이름

예약 인원

식당 예약

영업 시간

예상 비용

식당
주변 환경

구도 잡기(Story Map)

┌─ 식당 이름 확인 : --

├─ 예약 시간 : --

├─ 예약 인원 : --

├─ 예약 메뉴 : --

└─ 기타 사항(주차장 이용, 영업 시간, 자리 배치 등) :

Tip ❶ 상황 설정 아래에서 통화를 하는 가정의 과제에서는 역할극, 즉 연기를 한다고 생각하고 실제 통화를 하는 것처럼 자연스럽게, 상황에 맞게 감정을 이입하여 말하는 것이 좋습니다.
❷ 실제 전화를 하는 것처럼 말해야 하므로, 대화체 사용 및 응답 구성의 완성도가 매우 중요합니다.
❸ 예약 상황의 롤플레이 과제가 나오면, 이어서 문제 발생의 상황이 제시되고 그 문제에 대한 해결책을 요구하는 과제가 나올 수 있습니다. 이 점을 염두에 두고 준비하세요.

Q3. 对不起，请你解决一个问题。听餐厅的职员说，座位都坐满了。那怎么办? 给妈妈打电话说一下情况，然后建议解决的方法。

죄송합니다만, 문제를 해결해 주세요. 식당 직원이 말하기로, 자리가 꽉 찼다고 합니다. 그럼 이떻게 하죠?
어머니에게 전화를 하여 상황을 설명하고, 해결 방법을 제안해 보세요..

생각 제시(Brainstorming)

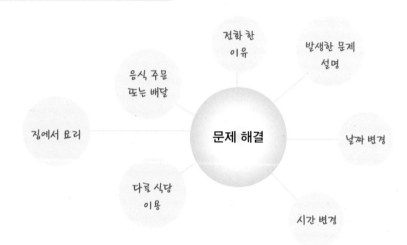

구조 잡기(Story Map)

┌─ 전화한 이유와 상황 설명 : ---
│
└─ 대안 제시

  • 다른 음식점 이용 : ---

  • 집에서 요리 : ---

  • 기타 다른 대안 제시 : ---

1 다음 문장을 읽고 한글 단어를 중국어로 알맞게 써 보세요.

❶ 能给我 <u>추천하다</u> 几个好吃的菜吗?   →

❷ 请 <u>안배하다</u> 比较 <u>조용하다</u> 的座位。   →

❸ 这个周末一起去看足球 <u>경기</u> 我们约好了吧。   →

❹ 我们要订的票都 <u>매진되다</u> 了。   →

❺ 我刚给餐厅打电话，座位都 <u>가득 차다</u> 了。   →

2 다음 중국어 문장을 해석해 보세요.

❶ 她喜欢花，还是送她花吧。

❷ 他们两个人把菜都吃光了。

❸ 咱们去吃晚饭吧，要不就去看电影也行。

❹ 只要努力学习，就能说得很流利。

❺ 我的香水用光了，借你的用用吧。

3 다음 문장을 중국어로 바꾸어 말해 보세요.

❶ 아무래도 다음 주 주말에
더 유명한 경기를 보는 편이 나을 것 같다.

❷ 아니면 집에서 요리를 만들어 먹는 것도 좋다.

❸ 중국 요리를 좋아하면 괜찮다.

❹ 우리가 예약하려고 하는 표가 모두 매진되었다.

❺ 엄마가 동의하면, 나는 중국에 가려고 한다.

다음 질문에 대해 개요를 작성해 보고, 실제 시험처럼 말해 보세요. **CD 15**

Q1. 我将为您提供一个情景。请表演一下。这个周末你打算跟朋友去看足球比赛。给朋友打电话问3~4个问题，留言一下。

당신에게 상황을 제공하겠습니다. 이번 주말에 당신은 친구와 축구 경기를 보러 갈 계획입니다. 친구에게 전화를 하여 3~4가지 질문을 하고, 메시지를 남겨 보세요.

Q2. 对不起，请你解决一个问题。听售票员说，票都卖光了。那怎么办？给朋友打电话说一下情况，然后建议解决的方法。

죄송합니다만. 문제를 해결해 주세요. 매표소 직원이 말하기를 표가 모두 매진되었다고 합니다. 그럼 어떻게 하죠? 친구에게 전화를 하여 상황을 말하고, 해결 방법을 제안해 보세요.

Day 6

콤보

학습목표

① OPIc의 문제 유형 중 콤보를 공략합니다.

② 계절과 날씨에 관한 주제로 콤보 유형의 문제를 학습합니다.

③ 공휴일과 명절에 관한 주제로 콤보 유형의 문제를 학습합니다.

Day6 콤보 계절과 날씨/공휴일과 명절

콤보란?

콤보는 하나의 주제에 세 가지의 질문이 연달아 나오는 문제 유형입니다. 설문조사 항목과 관련된 주제 또는 돌발적인 주제가 나올 수 있습니다. 하나의 주제를 바탕으로 질문이 이어지기 때문에 응시자 입장에서는 응답이 중복되는 경우도 생깁니다. 이때 응답의 내용이 다소 중복되더라도 질문의 내용에 벗어나지 않도록 하는 것이 중요합니다.

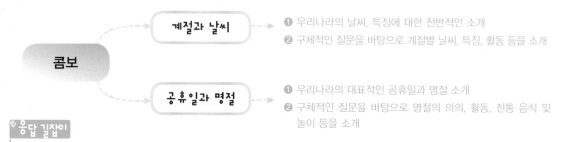

콤보
- 계절과 날씨 → ❶ 우리나라의 날씨, 특징에 대한 전반적인 소개
  ❷ 구체적인 질문을 바탕으로 계절별 날씨, 특징, 활동 등을 소개
- 공휴일과 명절 → ❶ 우리나라의 대표적인 공휴일과 명절 소개
  ❷ 구체적인 질문을 바탕으로 명절의 의의, 활동, 전통 음식 및 놀이 등을 소개

응답 길잡이

1 계절과 날씨

❶ 우리나라 계절과 날씨의 기본적인 소개

韩国的季节由四个季节组成。 한국의 계절은 네 개의 계절로 이루어져 있습니다.
韩国的夏天和冬天天气有明显的特色。 한국의 여름과 겨울의 날씨는 명확한 특색이 있습니다.

❷ 계절별 날씨의 특징을 객관적으로 소개

夏天又热又潮湿，平均摄氏30度左右。 여름은 덥기도 하고 습하기도 합니다. 평균온도는 섭씨 30도쯤 됩니다.
一般12月末开始下大雪，到第二年初春有时候下雪。
보통 12월 말에 눈이 많이 내리기 시작하여, 그 다음 해 이른 봄까지 가끔 눈이 내립니다.

2 명절

❶ 우리나라의 대표적인 공휴일과 명절 소개

在农历公休日通常是传统节日，比如春节、中秋节等等。
음력에 있는 공휴일들은 보통 전통 명절로, 예를 들어 설날, 추석 등입니다.
春节和中秋节才是对韩国人最重要的节日。 설날과 추석이야말로 한국인에게 가장 중요한 명절입니다.

❷ 명절의 의의, 활동 등 세부적인 사항 설명

春节的早上家人祭祀，孩子们给大人拜年。
설날 아침은 가족들이 차례를 지내고, 아이들은 어른들에게 세배를 합니다.
中秋节吃松糕，前一天全家团圆，聚在一起做松糕。 추석에는 송편을 먹는데, 전날 온 가족이 모여 만듭니다.

OPIc의 주제 중 계절과 날씨, 공휴일과 명절에 대한 말하기에 유용한 단어입니다.

◆ 계절과 날씨

계절과 날씨에 대한 일반적인 진술

季节 jìjié 계절 | 特色 tèsè 특색 | 春天 chūntiān 봄 | 夏天 xiàtiān 여름 | 秋天 qiūtiān 가을 | 冬天 dōngtiān 겨울 | 明显 míngxiǎn 명확하다 | 云 yún 구름 | 风沙 fēngshā 황사 | 温差 wēnchā 기온차 | 暖和 nuǎnhuo 따뜻하다 | 雾 wù 안개 | 满天 mǎntiān 하늘 전체 | 四季 sìjì 사계절

특징적 설명1 – 여름의 날씨

太阳 tàiyáng 태양 | 晒 shài 햇볕이 내리쬐다 | 潮湿 cháoshī 습하다 | 避暑 bìshǔ 피서 | 热 rè 덥다 | 闷热 mēnrè 무덥다 | 摄氏 shèshì 섭씨 | 雨季 yǔjì 우기, 장마철 | 刮台风 guā táifēng 태풍이 불다 | 下雨 xiàyǔ 비가 내리다 | 空调 kōngtiáo 에어컨 | 游泳 yóuyǒng 수영하다 | 滑水 huáshuǐ 수상스키

특징적 설명2 – 겨울의 날씨

冻 dòng 얼다 | 暴雪 bàoxuě 폭설 | 冷 lěng 춥다 | 零下 língxià 영하 | 滑雪 huáxuě 스키 타다 | 气温 qìwēn 기온 | 下雪 xiàxuě 눈이 내리다 | 雪人 xuěrén 눈사람 | 打雪仗 dǎ xuězhàng 눈싸움하다 | 温泉 wēnquán 온천 | 泡菜 pàocài 김치 | 适应 shìyìng 적응하다 | 变化 biànhuà 변화

◆ 공휴일과 명절

공휴일과 명절에 대한 일반적인 진술

法定假日 fǎdìng jiàrì 공휴일 | 独立日 Dúlìrì 광복절 | 显忠日 Xiǎnzhōngrì 현충일 | 圣诞节 Shèngdànjié 크리스마스, 성탄절 | 节日 jiérì 명절, 기념일 | 故乡 gùxiāng 고향 [= 老家 lǎojiā, 家乡 jiāxiāng] | 力气 lìqi 힘 | 重要 zhòngyào 중요하다 | 热闹 rènao 시끌벅적하다, 번화하다 | 进行 jìnxíng 진행하다 | 活动 huódòng 활동 | 传统 chuántǒng 전통 | 方式 fāngshì 방식

세부설명1 – 설

春节 Chūnjié 설[음력 1월 1일] | 祭祀 jìsì 제사를 지내다 | 拜年 bàinián 세배하다, 새해 인사를 하다 | 年糕汤 niángāotāng 떡국 | 压岁钱 yāsuìqián 세뱃돈 | 风筝 fēngzhēng 연날리기 | 翻板子游戏 fān bǎnzi yóuxì 윷놀이[= 尤茨游戏 yóucí yóuxì] | 相信 xiāngxìn 믿다 | 代表 dàibiǎo 대표하다 | 亲戚 qīnqi 친척 | 祝福 zhùfú 축복하다, 빌다 | 拜访 bàifǎng 방문하다

세부설명2 – 추석

中秋节 Zhōngqiūjié 추석[음력 8월 15일] | 松糕 sōnggāo 송편 | 扫墓 sǎomù 성묘 | 团聚 tuánjù 한자리에 모이다 | 韩服 hánfú 한복 | 安排 ānpái 안배하다, 배치하다 | 饭菜 fàncài 밥과 반찬 | 健康 jiànkāng 건강하다 | 西装 xīzhuāng 양복 | 计划 jìhuà 계획 | 阳历 yánglì 양력 | 阴历 yīnlì 음력 | 希望 xīwàng 희망하다 | 赏月 shǎngyuè 달구경을 하다

01 由～组成 　～로 이루어지다

韩国的季节由四个季节组成。
한국의 계절은 네 개의 계절로 이루어져 있다.

'由～组成'은 '～로 이루어지다', '～로 구성되다'라는 뜻을 나타내고, 주로 '주어+由+구성 요소+组成'의 형태로 씁니다. 종종 '由～来组成'의 형태로 쓰기도 합니다.

· 我们班由韩国和日本的留学生来组成。　우리 반은 한국과 일본 유학생으로 이루어져 있다.
· 每个年级由十二个班组成。　매 학년은 12개의 반으로 이루어져 있다.
· 中国由56个民族组成。　중국은 56개의 민족으로 구성되어 있다.
· 我们公司队由20多个运动员来组成。　우리 회사 팀은 20여 명의 운동선수로 구성되어 있다.

02 动不动就～ 　걸핏하면

那时候动不动就下雨。
그때는 걸핏하면 비가 온다.

'动不动'은 '걸핏하면', '툭하면'이라는 의미의 부사로, 주로 '就'와 이어서 함께 사용합니다. 원하지 않거나 싫어하는 행동 또는 상황이 자주 발생할 때 쓰는 표현입니다. 비슷한 의미로 '老+동사'의 형태가 있습니다. 동작이나 행동이 '늘 ～하다', '만날 ～하다'라는 의미를 나타냅니다.

· 你怎么老迟到？　너는 어째서 만날 지각을 하니?
· 他最近怎么了？动不动就发脾气。　저 사람 요즘 왜 저래요? 걸핏하면 짜증을 내요.
· 我动不动就感冒。　나는 툭하면 감기에 걸린다.
· 你们已经长大了，别动不动就吵架。　너희는 벌써 다 컸으니, 걸핏하면 싸우고 그러지 마라.

03 ～才是…   ～야말로 …이다

春节和中秋节才是对韩国人最重要的节日。

설날과 추석이야말로 한국인에게 가장 중요한 명절이다.

부사 '才'는 'A才是B'의 형태로 쓰여, 'A야말로 진정한 B이다'라는 강조의 어기를 나타냅니다. 종종 문미에 '呢'가 호응하기도 합니다. 한편, '才'는 시간이나 수량과 함께 쓰여 '비로소/겨우 ～하다'라는 의미를 나타내기도 합니다.

- **这个月我没有钱，下个月才能买手机。**
  이번 달에는 내가 돈이 없어서, 다음 달이 되어야 휴대전화를 겨우 살 수 있겠다.
- **努力学习才是我们的本分。**   열심히 공부하는 것이야말로 우리의 본분이다.
- **这才是我的心。**   이것이야말로 내 마음이다.
- **流汗的你才是最帅的。**   땀을 흘리는 당신이야말로 정말 멋진 사람이다.

04 省得   ～하지 않도록

要早点儿预订火车票或车票，省得票卖光了，买不到。

표가 매진되어 못 사게 되지 않도록 일찌감치 기차표나 버스표를 예매해야 한다.

'省得'는 'A, 省得+B'의 형태로 쓰여 'B가 일어나지 않도록 A를 해야 한다'라는 의미를 나타냅니다. 복문의 뒷문장인 B에는 원하지 않는 상황이 오고, A에는 B상황을 피하기 위한 조건이 나옵니다. 비슷한 표현으로 '免得'가 있습니다.

- **带上雨伞吧，免得路上淋雨。**   길에서 비를 맞지 않게, 우산을 가지고 가라.
- **你先尝尝再买吧，省得后悔。**   후회하지 않게, 먼저 맛을 보고 사세요.
- **我们应该多问几次，省得一会儿迷了路。**   잠시 후 길을 잃지 않게 우리는 몇 번 더 물어봐야 한다.
- **发表以前你要好好儿准备，省得到时候都忘了。**
  발표할 때 잊어버리지 않도록 발표하기 전에 준비를 잘해라.

다음 질문에 아래와 같이 자신의 상황에 맞게 생각을 제시하고 개요를 작성한 후, 말해 보세요.

Q1. 请介绍你们国家的季节。能不能说你们国家的夏天和冬天? 夏天和冬天的天气怎么样?

당신 나라의 계절에 대해 소개해 주세요. 당신 나라의 여름과 겨울에 대해 말해 줄 수 있나요? 여름과 겨울의 날씨는 어떤가요?

생각 제시(Brainstorming)

구도 잡기(Story Map)

도입(Intro)

우리나라의 계절(포괄적인 소개) : ---

전개(Body)

여름 • 특징 : --

　　• 날씨 : --

　　• 기타 사항 : --

겨울 • 특징 : --

　　• 날씨 : --

　　• 기타 사항 : --

마무리(Closing)

우리나라 계절에 대한 개인적인 생각 : ---

Q2. 夏天和冬天的时候，韩国人常爱做什么活动？请详细说明一下。

여름과 겨울에 한국 사람들은 어떤 활동들을 즐겨 하나요? 자세히 설명해 보세요.

생각 제시(Brainstorming)

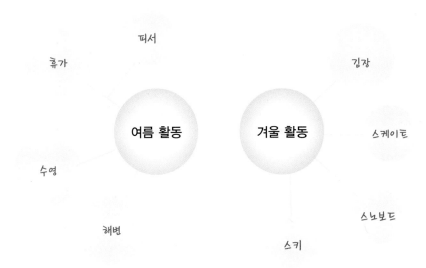

구도 잡기(Story Map)

— 여름 활동(한국인들이 즐기는 일반적인 여름 활동 소개) :

• 활동 1 : _____

• 활동 2 : _____

— 겨울 활동(한국인들이 즐기는 일반적인 여름 활동 소개) :

• 활동 1 : _____

• 활동 2 : _____

Q3. 有没有对天气难忘的经历？如果有的话，当时的天气怎么样？究竟发生了什么事情？请讲一下那个经历。

날씨에 관한 잊을 수 없는 경험이 있나요? 있다면 그때의 날씨는 어땠나요? 정확히 무슨 일이 있었나요? 그 경험을 자세히 말해 주세요.

생각 제시(Brainstorming)

구도 잡기(Story Map)

도입(Intro)

사건의 소개(시간과 시작) : --

전개(Body)

기억에 남는 사건 설명 : --

마무리(Closing)

결과 : --

1 다음 문장을 읽고 한글 단어를 중국어로 알맞게 써 보세요.

❶ 韩国的 여름 和 겨울 天气有明显的特色。 →

❷ 夏天又热又 습하다 , 平均摄氏30度左右。 →

❸ 春节的早上家人 차례를 지내다, 孩子们给大人 세배하다。 →

❹ 中秋节吃 송편, 前一天全家团圆，聚在一起做松糕。 →

❺ 温度降到零下，江原道经常下 폭설。 →

2 다음 중국어 문장을 해석해 보세요.

❶ 发表以前你要好好儿准备，省得到时候都忘了。 ....

❷ 流汗的你才是最帅的。 ....

❸ 中国由56个民族组成。 ....

❹ 你们已经长大了，别动不动就吵架。 ....

❺ 你先尝尝再买吧，省得后悔。 ....

3 다음 한국어 문장을 중국어로 바꾸어 써 보세요.

❶ 그때는 걸핏하면 비가 온다. ....

❷ 설날과 추석이야말로 한국인에게
가장 중요한 명절이다. ....

❸ 한국의 계절은 네 개의 계절로 이루어져 있다. ....

❹ 표가 매진되어 못 사게 되지 않도록
일찌감치 기차표나 버스표를 예매해야 한다. ....

❺ 저 사람 요즘 왜 저래요? 걸핏하면 짜증을 내요. ....

다음 질문에 대해 개요를 작성해 보고, 실제 시험처럼 말해 보세요.

Q1. 你们国家有哪种法定假日？请介绍一下法定假日。

당신 나라에는 어떤 종류의 공휴일이 있나요? 공휴일에 대해 소개해 주세요.

Q2. 节日一般做什么活动？常爱吃什么样的饮食？请详细说明一下。

명절에는 보통 어떤 활동을 하나요? 어떤 종류의 음식을 즐겨 먹나요? 자세히 설명해 보세요.

Q3. 有没有对节日难忘的经历？如果有的话，什么节日？那时候你做什么了？究竟发生了什么事情？请讲一下那个经历。

명절에 관한 잊을 수 없는 경험이 있나요? 어떤 명절이었나요? 그때 무엇을 했나요? 정확히 어떤 일이 있었죠? 그 경험에 대해 자세히 말해 보세요.

Day 7

언어통제능력과 정확성

학습목표

1. OPIc 채점영역 중 언어통제능력과 단어 선택, 어법 등 정확성을 공략합니다.

2. 출장 경험에 대해 정확한 단어와 어법을 활용하여 표현하도록 학습합니다.

3. 주말 활동에 대해 정확한 단어와 어법을 활용하여 표현하도록 학습합니다.

Day7 언어통제능력과 정확성 출장/주말 활동

언어통제능력과 정확성이란?

언어통제능력과 정확성이란 얼마나 정확하게 의사 전달을 할 수 있는지, 즉, 발음은 정확한지, 전반적으로 유창하게 말하는지, 그리고 내용상 적절한 단어를 선택해서 썼는지, 어법상 오류는 없는지 평가하는 기준입니다.

언어통제능력과
정확성

중국어 발화의 기본 요소 → ❶ 정확한 발음 연습
❷ 정확한 성조 연습

기능과 내용의 정확성 → ❶ 정확한 어법으로 문장 만들기
❷ 적절한 단어를 선택하여 과제 구성하기

응답 길잡이

1 중국어 발화의 기본 요소

❶ 정확한 발음

- z, c, s / zh, ch, sh에 특히 주의

  '거절하다(推辞 tuīcí)'를 잘못 발음하면 '뒤로 미루다(推迟 tuīchí)'라고 들릴 수 있음

- l / r 에 특히 주의

  '덥지 않다(不热 bú rè)'를 잘못 발음하면 '즐겁지 않다(不乐 bú lè)'라고 들릴 수 있음

❷ 정확한 성조

那天是跟我同事一起去的。 그날 제 동료와 함께 갔습니다.

'一' 뒤에 1, 2, 3성이 올 때 '一' 는 4성으로 변함

因为是我朋友不太喜欢运动。 왜냐하면 제 친구는 운동을 별로 좋아하지 않기 때문입니다.

'不' 뒤에 4성이 올 때 '不' 는 2성으로 변함

2 기능과 내용의 정확성

❶ 정확한 어법

작년에 저는 상하이로 출장을 간 적이 있습니다. → 去年我去上海出过差。

경험; ~한 적이 있다 - 동태조사 '过' 사용

그녀는 저에게 차를 사 오라고 합니다. → 她让我买茶。 사동; ~에게 ~을 시키다 - 사역동사 '让' 사용

❷ 적절한 단어 선택

토요일에 저는 비교적 늦게 일어나서, 9시에 기상합니다. → 星期六我起得比较晚，9点起床。

'起床'은 이합사이므로, 정도보어와 결합하면 '起床得~'가 아닌 '起得~'로 사용

OPIc의 주제 중 출장과 주말 활동에 관한 설명에 유용한 단어입니다.

◆ 출장

출장 장소

上海 Shànghǎi 상하이 | 世界博览会 shìjiè bólǎnhuì 세계박람회, 엑스포(EXPO) | 北京 Běijīng 베이징 | 分公司 fēngōngsī 지사 | 美术馆 měishùguǎn 미술관 | 宴厅 yàntīng 연회장 | 会场 huìchǎng 회의장 | 饭店 fàndiàn 호텔 | 贸易中心 màoyì zhōngxīn 무역 센터 | 银行 yínháng 은행

출장 목적

参加 cānjiā 참가하다 | 观光 guānguāng 관광하다 | 合同 hétóng 계약하다 | 谈判 tánpàn 협상하다 | 开会 kāihuì 회의하다 | 旅行 lǚxíng 여행하다 | 招待 zhāodài 접대하다 | 访问 fǎngwèn 방문하다 | 参观 cānguān 견학하다 | 促销活动 cùxiāo huódòng 마케팅을 하다 | 广告 guǎnggào 홍보하다

출장에서의 경험, 느낌

机会 jīhuì 기회 | 京剧 jīngjù 경극 | 感兴趣 gǎn xìngqù 흥미를 가지다 | 精彩 jīngcǎi 훌륭하다 | 有意思 yǒuyìsi 재미있다 | 困难 kùnnan 곤란하다, 어렵다 | 无聊 wúliáo 지루하다 | 紧张 jǐnzhāng 긴장이 되다 | 害怕 hàipà 위험을 느끼다

◆ 주말 활동

주말 활동

爬山 páshān 등산하다 | 看书 kàn shū 책을 보다 | 跑步 pǎobù 조깅하다 | 聊天儿 liáotiānr 이야기하다 | 逛街 guàngjiē 거리 구경을 하다, 아이쇼핑을 하다 | 看电影 kàn diànyǐng 영화를 관람하다 | 做菜 zuòcài 요리를 하다 | 画画儿 huà huàr 그림을 그리다 | 修车 xiū chē 차를 수리하다 | 打扫 dǎsǎo 청소를 하다 | 学外语 xué wàiyǔ 외국어를 공부하다 | 上网 shàngwǎng 인터넷을 하다 | 唱歌 chànggē 노래를 부르다

대상

朋友 péngyou 친구 | 爱人 àiren 아내, 남편[배우자를 가리키는 말] | 男朋友 nán péngyou 남자 친구 | 女朋友 nǚ péngyou 여자 친구 | 同事 tóngshì 동료 | 同屋 tóngwū 룸메이트 | 同学 tóngxué 학급 친구 | 家人 jiārén 가족 | 老公 lǎogōng 남편 | 老婆 lǎopó 아내 | 孩子 háizi 아이 | 儿子 érzi 아들 | 女儿 nǚ'ér 딸

주말 활동의 느낌

充实 chōngshí 충실하다 | 心情 xīnqíng 기분 | 安排 ānpái 계획하다, 안배하다 | 抽 chōu 뽑아내다, 빼내다 | 愉快 yúkuài 즐겁다 | 积极 jījí 적극적이다 | 满意 mǎnyì 만족하다 | 费劲儿 fèijìnr 힘이 들다 | 锻炼身体 duànliàn shēntǐ 체력을 단련하다

01 동사 + 过   (동사)한 적이 있다[경험을 나타냄]

去年我去上海出过差。

작년에 나는 상하이로 출장을 간 적이 있다.

'过'는 동사 뒤에 위치하여 '~을 한 적이 있다'라는 경험을 나타내는 동태조사입니다. 부정형은 '没(有)+동사+过'의 구문으로 나타냅니다.

· 我没(有)去过中国。 나는 중국에 간 적이 없다.

· 我吃过中国菜。 나는 중국 요리를 먹은 적이 있다.

· 我看过京剧。 나는 경극을 본 적이 있다.

· 我喝过中国茶。 나는 중국 차를 마셔 본 적이 있다.

02 是~的   [내용을 강조하는 구문]

我是在大韩公司工作的。 나는 대한회사에서 일했었다.[장소 강조]

我是跟同事一起去的。 나는 동료와 함께 갔었다.[대상 강조]

'是~的' 구문은 시간, 장소, 대상, 방식, 목적 등의 내용을 강조할 때 사용하는 문형입니다. 주로 이미 일어난 상황, 즉, 과거의 일을 말할 때 쓰고, 부정형은 '不是~的'로 표현합니다.

· 我不是坐飞机来的。 나는 비행기를 타고 온 것이 아니다.[방식 부정]

· 是我一个人去的。 나 혼자 갔었다.[대상 강조]

· 我是去年去的。 나는 작년에 갔었다.[시간 강조]

· 我是去上海工作的。 나는 상하이에 일하러 갔었다.[목적 강조]

Tip 출장이나 주말 활동에 대해 말할 때 '어느 회사에서 일했었다', '누구와 무엇을 했다'와 같은 표현이 많이 쓰이죠? 이때 '是~的' 구문을 활용해 보세요~.

03 有时候~, 有时候~ 때로는 ~하고, 때로는 ~하다

周末有时候我一个人去爬山，有时候去公园跑步。

주말에 어떤 때는 나 혼자서 등산을 가고, 어떤 때는 공원에 조깅하러 간다.

'有时候~, 有时候~'는 '때로는 ~하고, 때로는 ~하다'라는 뜻으로, 두 가지 상황을 나열할 때 사용하는 구문입니다. '有时候'는 단독으로 쓰여, '간혹', '가끔'이라는 의미의 부사로 쓰이기도 합니다.

· 我有时候走路上班。 나는 가끔 걸어서 출근을 한다.
· 有时候看电影，有时候在家休息。 어떤 때는 영화를 보고, 어떤 때는 집에서 쉬기도 한다.
· 有时候去公园，有时候在饭馆儿吃饭。 어떤 때는 공원에 가고, 어떤 때는 음식점에서 밥을 먹는다.
· 有时候学汉语，有时候睡觉。 어떤 때는 중국어를 공부하고, 어떤 때는 잠을 잔다.

04 一边~, 一边~ ~하면서 ~하다

我们一边喝咖啡，一边聊天儿。

우리는 커피를 마시면서 이야기를 나눈다.

'一边~, 一边~'은 '~하면서 ~하다'라는 뜻으로 두 동작이 동시에 진행됨을 나타냅니다. 1음절 동사와 쓰일 때는 '一'를 생략하여 '边~边~'의 형식으로 사용하기도 합니다.

· 在回家的路上，我边走边想。 집에 돌아오는 길에 나는 걸으면서 생각을 한다.
· 我一边看书，一边听音乐。 나는 책을 보면서 음악을 듣는다.
· 我一边吃饭，一边看电视。 나는 밥을 먹으면서 텔레비전을 본다.
· 我一边唱歌，一边跳舞。 나는 노래를 부르면서 춤을 춘다.

다음 질문에 아래와 같이 자신의 상황에 맞게 생각을 제시하고 개요를 짠 후, 말해 보세요. **CD 20**

Q. 请讲一讲你最难忘的出差经历。

당신이 잊지 못할 출장 경험을 말해 보세요.

생각 제시(Brainstorming)

구도 잡기(Story Map)

도입(Intro)

출장 시기, 출장지, 출장 업무 소개 : --

전개(Body)

잊지 못할 경험(활동 또는 에피소드) 소개

- 출장지에서의 활동1 : --
- 출장지에서의 활동2 : --
- 출장지에서의 활동3 : --

마무리(Closing)

소개하는 출장에 대한 느낌 : --

연습문제

1 다음 문장을 읽고 한글 단어를 중국어로 알맞게 써 보세요.

❶ 我们是去参加 <u>세계박람회</u> 的。 →

❷ 京剧演得非常 <u>훌륭하다</u>，我感动了。 →

❸ 我的周末安排得很 <u>충실하다</u>。 →

❹ 周末有时候我一个人去 <u>등산하다</u>，
有时候去公园 <u>조깅하다</u>。 →

❺ 我觉得，除非过很 <u>유쾌하다</u> 的周末，我的心情才能变得好。 →

2 다음 중국어 문장을 한국어로 말해 보세요.

❶ 我吃过中国菜。

❷ 我一边看书，一边听音乐。

❸ 是我一个人去的。

❹ 有时候学汉语，有时候睡觉。

❺ 我一边唱歌，一边跳舞。

3 다음 문장을 중국어로 바꾸어 말해 보세요.

❶ 주말에 어떤 때는 나 혼자서 등산을 하러 가고
어떤 때는 공원에 조깅을 하러 간다.

❷ 작년에 나는 상하이로 출장을 간 적이 있다.

❸ 우리는 커피를 마시면서 이야기를 나눈다.

❹ 나는 동료와 함께 갔다.

❺ 나는 상하이에 일하러 갔었다.

다음 질문에 대해 개요를 작성해 보고, 실제 시험처럼 말해 보세요. ^{CD}21

Q. 你周末过得怎么样？请详细说一说你的周末生活。

당신은 주말을 어떻게 보내나요? 당신의 주말 생활을 자세히 설명해 주세요.

Day**8**

과제 및
기능 수행

학습목표

① OPIc 채점영역 중 과제 및 기능 수행 영역을 공략합니다.

② 건강과 관련된 과제에 충실하고 정확한 기능 수행을 하도록
학습합니다.

③ 약속과 관련된 과제에 충실하고 정확한 기능 수행을 하도록
학습합니다.

과제 및 기능 수행이란?

과제 및 기능 수행이란 다양한 과제(질문)에 대해 얼만큼 적합한 내용을 순발력 있게 수행(응답)하는지 평가하는 기준입니다. 과제를 정확하게 이해하고, 올바르게 수행하는 능력이 필요합니다.

응답 길잡이

1 말하기 유형에 주의

❶ 질문: 详细地说一说 / 说明一下 / 讲一讲 → **설명하기**

시간의 순서/과정/방법/이유를 순차적으로 말하기
육하원칙을 활용하여 논리적으로 말하기

❷ 질문: 描述一下 → **묘사하기**

그림을 그리듯 자세하고 구체적으로 말하기
넓은 범위에서 좁은 범위로, 전반적인 설명에서 세부적으로 묘사하기
생동감 있는 표현을 적극 활용하기

❸ 질문: 介绍一下 → **소개하기**

소개할 대상을 하나만 지정하여 그에 대해 전반적으로 언급하기[소개는 대상을 여러 개 지정하여 말하면 듣는 이가 혼란스러울 수 있으므로, 대상은 하나만 지정하는 것이 효율적임]

2 문제 유형에 주의

❶ **롤플레이: 주어진 상황 아래에서 질문을 하거나 문제를 해결하는 문제 유형**

주어진 상황을 정확히 이해하고 그에 대한 해결 방안을 빠르게 정리하여 제시하기

❷ **콤보: 하나의 주제에 세 가지의 질문이 연이어 나오는 문제 유형**

질문의 주제에 적합한 내용, 일관성 있는 내용으로 답변하기
질문의 내용에 적절하다면 앞의 질문과 다소 중복되는 답변이더라도 다시 답변하기

OPIc의 주제 중 건강과 약속에 대한 말하기에 유용한 단어입니다.

◆ 건강

건강 상태 관련 단어

健康 jiànkāng 건강(하다) | 心态 xīntài 마음 상태 | 体力 tǐlì 체력 | 乐观主义 lèguān zhǔyì 낙관주의 | 压力 yālì 스트레스 | 缓解 huǎnjiě (정도가) 완화되다 | 消除 xiāochú 제거하다 | 运动 yùndòng 운동하다 | 习惯 xíguàn 습관 | 坚持 jiānchí 견지하다, 지속하다 | 勤奋 qínfèn 부지런하다

주변의 건강한 사람 소개

认识 rènshi 알다 | 健身房 jiànshēnfáng 헬스클럽 | 球迷 qiúmí 스포츠광[구기 종목을 말함] | 笑 xiào 웃다 | 微笑 wēixiào 미소 | 长得 zhǎng de ~하게 생기다, 생김새가 ~하다 | 身材 shēncái 몸매 | 壮 zhuàng 건장하다 | 帅 shuài 멋지다 | 魅力 mèilì 매력 | 漂亮 piàoliang 예쁘다 | 快餐 kuàicān 패스트푸드 | 性格 xìnggé 성격 | 活泼 huópo 활발하다

건강한 사람들의 활동과 건강 유지 방법

业余活动 yèyú huódòng 여가 활동 | 社会活动 shèhuì huódòng 사회 활동 | 参加 cānjiā 참가하다 | 早睡早起 zǎo shuì zǎo qǐ 일찍 자고 일찍 일어나다 | 保持 bǎochí 유지하다 | 调整 tiáozhěng 조정하다 | 早吃好, 午吃饱, 晚吃少 zǎo chīhǎo, wǔ chībǎo, wǎn chīshǎo 아침은 잘 먹고, 점심은 배불리 먹고, 저녁은 조금 먹는다 | 饮食 yǐnshí 음식 | 准时 zhǔnshí 지키다, 준수하다 | 一天三顿 yìtiān sān dùn 하루 세 끼 | 方法 fāngfǎ 방법

◆ 약속

약속의 종류와 목적

约好 yuēhǎo 약속하다 | 承诺 chéngnuò 승낙하다, 약속하다 | 约会 yuēhuì 약속 | 目的 mùdì 목적 | 医院 yīyuàn 병원 | 看病 kànbìng 진찰받다 | 自己 zìjǐ 자신 | 会议 huìyì 회의 | 工作 gōngzuò 일 | 聚会 jùhuì 모임 | 见面 jiànmiàn 만나다 | 相亲 xiāngqīn 맞선을 보다

약속을 지키지 못한 상황

帮 bāng 돕다 | 搬家 bānjiā 이사하다 | 突然 tūrán 갑자기, 돌연 | 出差 chūchāi 출장 가다 | 忘 wàng 잊다 | 迟到 chídào 지각하다 | 住院 zhùyuàn 입원하다 | 堵车 dǔchē 차가 막히다 | 交通事故 jiāotōng shìgù 교통사고 | 坏 huài 고장 나다 | 嫌 xián 싫어하다 | 失望 shīwàng 실망하다

대처 방법과 결과

先 xiān 우선, 먼저 | 陪 péi 모시다, 동반하다 | 打电话 dǎ diànhuà 전화를 걸다 | 告诉 gàosu 알리다 | 取消 qǔxiāo 취소하다 | 提前 tíqián 앞당기다 | 更改 gēnggǎi 변경하다 | 延期 yánqī 연기하다 | 推迟 tuīchí 미루다 | 原谅 yuánliàng 용서하다 | 道歉 dàoqiàn 사과하다 | 请 qǐng 대접하다

01 사역동사 让 ~에게 ~하게 하다

健康的人不断改进自己，调整自己让自己保持健康。

건강한 사람은 계속해서 자신을 변화시키고 조절하여, 스스로 건강을 유지할 수 있도록 한다.

'让'은 '让+(사람)+(동사)'의 형태로 쓰여 '(사람)에게 (동사)하게 하다'라는 의미를 나타내는 사역동사입니다. 부정형은 '不让+(사람)+(동사)'로 써서 '(사람)이 (동사)하지 못하게 하다'라는 의미를 나타냅니다. '让'은 '(좋은 것, 편리한 점을) 양보하다, 사양하다'라는 의미를 나타내는 일반동사로도 쓰입니다.

- 他们互相让起座位来了。 그들은 서로 자리를 양보하기 시작했다.
- 这个问题让学生们想一想。 이 문제는 학생들로 하여금 생각을 좀 하게 한다.
- 她让我去市场买水果。 그녀는 나에게 시장에 가서 과일을 사 오라고 했다.
- 他不让我穿这条裙子上街。 그는 내가 이 치마를 입고 거리에 나가지 못하게 한다.

02 为了 ~을 위해

为了身体健康，我每天要运动30分钟。

몸이 건강하기 위해, 매일 30분 동안 운동을 해야 한다.

'为了'는 목적을 나타내는 개사구로, 주로 '为了+목적, (목적을 이루기 위한) 행동'의 형태로 씁니다. 같은 의미로, 행동이 '为了' 앞에 오면 '(목적을 이루기 위한) 행동+是为了+목적'의 형태로 쓰기도 합니다.

- 我努力工作是为了实现愿望。 내가 열심히 일하는 것은 꿈을 이루기 위해서이다.
- 为了买一所房子，他现在正在攒钱。 집 한 채를 사기 위해, 그는 현재 돈을 모으고 있다.
- 为了学好汉语，我每天看中国报纸。 중국어를 잘 배우기 위해, 나는 매일 중국 신문을 본다.
- 为了保持健康，你要调整饮食。 건강을 유지하기 위해, 너는 음식을 조절해야 한다.

03 没想到 ~일 줄은 생각도 못하다

我没想到突然有了急事儿。
나는 갑자기 급한 일이 생기리라고는 생각도 하지 못했다.

'没想到'는 '~일 줄은 생각도 못하다', '뜻밖에 (어떤 일이 생기다)'라는 의미로 예상 외의 일이나 상황에 맞닥뜨렸을 때 사용하는 표현입니다. '没想到' 자체가 하나의 표현이므로 '真没想到。(정말 생각도 못했어.)'와 같이 단독으로 사용할 수도 있습니다. 비슷한 표현으로는 '想不到'가 있습니다.

· 我想不到会有这种事儿。　나는 이런 일이 생길 줄은 생각도 못했다.
· 我真没想到汉语这么有意思。　나는 중국어가 이렇게 재미있을 줄은 정말 생각도 못했다.
· 我做梦也没想到在这儿见到你。　나는 이곳에서 너를 만나게 될 줄은 꿈에도 생각 못했다.
· 谁也没想到考试题这么容易。　시험 문제가 이렇게 쉬울 줄은 아무도 생각도 못했다.

04 幸好 다행히

幸好我来得及时，不然她就危险了。
내가 제시간에 왔으니 다행이지, 그렇지 않았다면 그녀는 위험했을 것이다.

'幸好'는 '다행히', '운 좋게'라는 의미로, 어떤 유리한 조건이나 기회 덕분에 좋지 않은 결과나 불행을 면하게 되었을 경우에 쓰는 표현입니다. 주어의 앞뒤에 모두 위치할 수 있지만 일반적으로는 주어의 앞에 위치하고, 주로 '不然'과 자주 호응하여 쓰입니다. 비슷한 표현으로는 '幸亏'가 있습니다.

· 幸亏我早点儿准备，不然就赶不上火车了。
내가 일찌감치 준비했으니 다행이지, 그렇지 않았다면 기차를 놓칠 뻔했다.

· 幸好带了雨伞，不然我就没办法回家了。
우산을 가지고 갔으니 다행이지, 그렇지 않았다면 나는 집에 돌아올 방법이 없었을 것이다.

· 幸好你叫醒我，不然我就迟到了。
네가 깨워 주어서 다행이지, 그렇지 않았다면 나는 지각했을 것이다.

· 幸好你在旁边，不然我不知道该怎么办了。
네가 옆에 있었으니 다행이지, 그렇지 않았다면 나는 어떻게 해야 할지 몰랐을 것이다.

다음 질문에 아래와 같이 자신의 상황에 맞게 생각을 제시하고 개요를 짠 후, 말해 보세요. CD 23

Q. 你觉得什么样的人是健康的人？你或者你周围的人怎么样？为了保持健康要做什
么？请说明你或者别人为了保持健康所做的事情。

> 당신은 어떤 사람이 건강한 사람이라고 생각하나요? 당신이나 당신 주위 사람들은 어떻습니까? 건강을 유지하기
> 위해서 무엇을 해야 할까요? 당신이나 다른 사람이 건강 유지를 위해 하는 일들을 설명해 보세요.

생각 제시(Brainstorming)

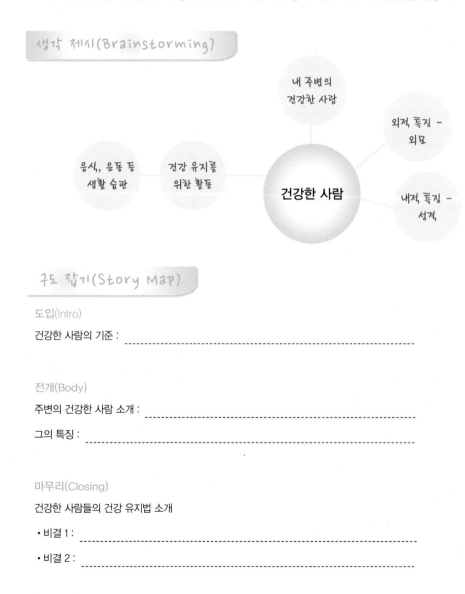

구도 잡기(Story Map)

도입(Intro)

건강한 사람의 기준 : --

전개(Body)

주변의 건강한 사람 소개 : --

그의 특징 : --

마무리(Closing)

건강한 사람들의 건강 유지법 소개

• 비결 1 : --

• 비결 2 : --

1 다음 문장을 읽고 한글 단어를 중국어로 알맞게 써 보세요.

❶ 健康的人一般 일찍 자고 일찍 일어나다,
   常常运动、 조정하다 饮食。 →

❷ 他不抽烟，不常吃 패스트푸드。 →

❸ 那时候我约好了帮我的朋友 이사하다。 →

❹ 听完了以后，我朋友 용서하다 了我。 →

❺ 我没想到 갑자기 有了急事儿。 →

2 다음 중국어 문장을 한국어로 말해 보세요.

❶ 我做梦也没想到在这儿见到你。

❷ 幸好你叫醒我，不然我就迟到了。

❸ 为了买一所房子，他现在正在攒钱。

❹ 她让我去市场买水果。

❺ 幸好带了雨伞，不然我就没办法回家了。

3 다음 문장을 중국어로 바꾸어 말해 보세요.

❶ 몸이 건강하기 위해,
   매일 30분 동안 운동을 해야 한다.

❷ 나는 갑자기 급한 일이 생기리라고는
   생각도 하지 못했다.

❸ 건강한 사람은 계속 자신을 변화시키고 자신을
   조절하여, 스스로 건강을 유지할 수 있도록 한다.

❹ 내가 제시간에 왔기에 다행이지,
   그렇지 않았다면 그녀는 위험했을 것이다.

❺ 중국어를 잘 배우기 위해, 나는 매일 중국 신문을 본다.

다음 질문에 대해 개요를 작성해 보고, 실제 시험처럼 말해 보세요. **CD 24**

Q. 你一般有什么样的约会？有没有不能兑现承诺的经历。什么样的约会？为什么不能兑现承诺？怎么解决？请详细说一说。

당신은 보통 어떤 약속을 하나요? 다른 사람들과의 약속을 지키지 못한 경험이 있나요? 어떤 약속이었나요?

왜 지키지 못했나요? 어떻게 해결했는지 자세히 말해 보세요.

Day9

상황 및 내용

학습목표

① OPlc 채점영역 중 상황 및 내용 영역을 공략합니다.

② 여행을 주제로, 주어진 상황에 적절한 내용으로 응답하는 방법을 학습합니다.

③ 춤을 주제로, 주어진 상황에 적절한 내용으로 응답하는 방법을 학습합니다.

Day9 상황 및 내용 여행/춤

📖 상황 및 내용이란?

상황 및 내용이란 주어진 상황에 적절한 내용을 구성하여 말할 수 있는지 평가하는 기준입니다. 응답의 내용을 일관성 있게 그리고 논리적으로 구성해야 하고, 평소에 다양한 주제를 바탕으로 한두 가지의 에피소드를 준비하는 습관이 필요합니다.

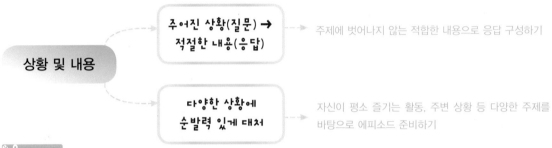

상황 및 내용

주어진 상황(질문) → 적절한 내용(응답)
→ 주제에 벗어나지 않는 적합한 내용으로 응답 구성하기

다양한 상황에 순발력 있게 대처
→ 자신이 평소 즐기는 활동, 주변 상황 등 다양한 주제를 바탕으로 에피소드 준비하기

🗨️ 응답 길잡이

1 주제에 벗어나지 않는 적합한 내용으로 응답 구성하기

Q. 请讲一讲最难忘的旅行经历。 가장 기억에 남는 여행 경험을 말해 보세요.
A. 여행지 소개 → 그 여행지에 대한 감상(X)
A. 여행지 소개 → 에피소드 설명 → 그 여행이 기억에 남는 이유(O)

2 다양한 주제를 바탕으로 에피소드 준비하기

❶ 여행 관련: 어디로 누구와 가는 여행을 좋아하는지, 최근 여행지 또는 가장 기억에 남는 여행지가 어디인지 등

周末的时候去离我家不远的郊区游玩儿。 주말에는 집에서 멀지 않은 교외로 나가서 놉니다.

我最近跟爸爸一起去旅行了。 최근 아버지와 함께 여행을 갔었습니다.

❷ 회사 관련: 회사의 규모, 직원 수 등 개괄적인 정보, 자신의 업무 소개 등

包括我们组的组长，同事一共有八个人，所以感到很舒适。
우리 팀의 팀장님을 포함하여 동료가 모두 8명이어서, 아늑합니다.

我们公司提供会说汉语也会说韩语的导游。
우리 회사는 중국어와 한국어를 모두 할 줄 아는 가이드를 제공합니다.

❸ 취미 관련: 자신의 취미 소개, 취미에 대한 느낌과 장점 등

我的爱好是做菜，我做菜做得很好吃，尤其是中国菜。
제 취미는 요리하기입니다. 저는 요리를 무척 잘하는데, 특히 중국 요리를 잘합니다.

我的爱好是照相。照相时，能发现我们的世界到处都是美丽的风景。
제 취미는 사진을 찍는 것입니다. 사진 찍을 때는 세계 곳곳이 모두 아름다운 풍경인 걸 발견할 수 있어서 좋습니다.

OPIc의 주제 중 여행과 춤에 대한 말하기에 유용한 단어입니다.

◆ 여행

여행 시기

假期 jiàqī 휴가 기간 | 放假 fàngjià 휴가를 내다, 방학하다 | 暑假 shǔjià 여름방학 | 寒假 hánjià 겨울방학 | 冬天 dōngtiān 겨울 | 夏天 xiàtiān 여름 | 圣诞节 Shèngdànjié 성탄절 | 小时候 xiǎoshíhou 어렸을 때 | 毕业 bìyè 졸업하다 | 退休 tuìxiū 퇴직하다 | 蜜月旅行 mìyuè lǚxíng 신혼여행

여행지, 동행, 여행 목적

国内 guónèi 국내 | 国外 guówài 국외 | 外国 wàiguó 외국 | 济州岛 Jìzhōudǎo 제주도 | 海南岛 Hǎinándǎo 하이난다오 | 东南亚 Dōngnányà 동남아 | 家人 jiārén 가족 | 自助游 zìzhùyóu 배낭여행 | 跟团旅游 gēntuán lǚyóu 단체로 여행하다 | 同事 tóngshì 동료 | 休息 xiūxi 쉬다 | 观光 guānguāng 관광하다 | 游览 yóulǎn 구경하다, 유람하다

여행에 대한 감상 및 느낌

逛街 guàngjiē 거리 구경을 하다, 아이쇼핑하다 | 旅游 lǚyóu 여행하다 | 特产品 tèchǎnpǐn 특산품 | 潜水 qiánshuǐ 잠수하다 | 高尔夫球 gāo'ěrfūqiú 골프 | 钓鱼 diàoyú 낚시하다 | 划船 huáchuán 배를 타다 | 温暖 wēnnuǎn 따뜻하다 | 异域风情 yìyù fēngqíng 이국적인 풍경 | 吃惊 chījīng 놀라다 | 难忘 nánwàng 잊기 어렵다 | 吸引 xīyǐn 매료시키다 | 壮观 zhuàngguān 웅장하다 | 景色 jǐngsè 경치, 경관

◆ 춤

춤을 배우는 목적, 춤의 종류

爱好 àihào 취미 | 锻炼 duànliàn 단련하다 | 健身 jiànshēn 몸을 건강하게 하다 | 劲儿 jìnr 힘, 기력 | 跳舞 tiàowǔ 춤추다 | 拉丁舞 lādīngwǔ 라틴댄스 | 芭蕾 bāléi 발레 | 爵士舞 juéshìwǔ 재즈댄스 | 街舞 jiēwǔ 힙합댄스 | 交际舞 jiāojìwǔ 사교댄스

춤을 배운 기간, 실력

多长时间 duōcháng shíjiān 얼마 동안[기간을 묻는 의문의 표현] | 一年 yì nián 1년 동안 | 两年 liǎng nián 2년 동안 | 两个月 liǎng ge yuè 두 달 동안 | 从 cóng ~부터 | 开始 kāishǐ 시작하다 | 学 xué 배우다 | 精彩 jīngcǎi 훌륭하다 | 模仿 mófǎng 모방하다 | 生硬 shēngyìng 서투르다, 딱딱하다 | 紧张 jǐnzhāng 긴장하다 | 不怎么样 bùzěnmeyàng 별로, 그리 좋지 않다

춤의 효과, 춤에 대한 느낌

效果 xiàoguǒ 효과 | 健康 jiànkāng 건강 | 健脑 jiànnǎo 마음을 건강하게 하다 | 练习 liànxí 연습하다 | 不断 búduàn 끊임없다 | 成功 chénggōng 성공하다 | 减肥 jiǎnféi 다이어트하다 | 感觉 gǎnjué 느낌, 감각 | 神清气爽 shénqīng qìshuǎng 기분이 상쾌하다 | 羡慕 xiànmù 부럽다

01 别提多~了 얼마나 ~한지 말도 마세요[= 매우 ~하다]

到了那儿的时候，别提多高兴了。

그곳에 도착했을 때, 얼마나 기뻤는지 말도 마라.[=말도 못하게 기뻤다]

'别提'는 '언급하지 마라'라는 뜻이고, '多~了'는 '多+(형용사/동사)+了'의 형태로 쓰여 형용사나 동사의 정도가 매우 심함을 나타냅니다. 따라서 '别提多~了'는 '얼마나 ~한지 말도 마라'라는 의미로, 정도의 심함을 나타내며 과장의 의미가 내포되어 있습니다. 정도의 심함을 나타내는 비슷한 표현으로는 '(형용사)+极了'가 있습니다.

· 他做的饭菜好吃极了。 그가 만든 요리는 매우 맛있다.
· 现在我的心别提多紧张了！ 지금 내 마음이 얼마나 긴장되는지, 말도 마라!
· 期末考试快要到了，别提多担心了！ 곧 기말고사이다. 얼마나 걱정되는지 말도 마라!
· 那儿的景色别提多美丽了！ 그곳의 경치는 말도 못하게 아름다웠다.

02 顺便 ~하는 김에

我去那儿旅行，顺便买了很有名的特产品。

나는 그곳으로 여행을 간 김에, 유명한 특산품도 샀다.

'顺便'은 'A, 顺便+B'의 형태로 쓰여 'A하는 김에 B도 하다'라는 의미를 나타냅니다. 반드시 먼저 이루어진 상황이 먼저 나오고, 더불어 행한 상황이 뒤에 위치해야 합니다. 비슷한 표현으로 '顺路'가 있습니다.

· 我顺路去首尔看看妹妹。 나는 서울에 가는 김에 여동생을 좀 만났다.
· 你去市场，顺便帮我买来东西吧。 너 시장에 가는 김에 먹을 것 좀 사서 와 줘.
· 去看看，顺便聊聊天，我就来了。 만나러 가는 김에 이야기기도 좀 하고, 그래서 내가 왔어.
· 去书店，我顺便看看有什么好书。 서점에 간 김에 나는 어떤 좋은 책이 있는지 보았다.

03 시량보어

你跳舞跳了多长时间了?
너는 얼마 동안 춤을 배웠니?

시량보어란 시간의 양 즉, 동작이나 상태가 지속된 시간을 나타내며 술어를 보충하는 성분입니다. 동작을 행한 시간이나 지속 시간을 나타낼 때 중요한 표현이며, '시각'과 '시간'을 구분해서 표현하는 것이 중요합니다. **Tip** 시량보어는 목적어가 있는지 없는지, 목적어가 일반명사인지 인칭대사인지 등의 조건에 따라 술어의 뒤에 올 수도 있고 목적어의 뒤에 올 수도 있습니다. 예문의 어순에 주의하며 학습하세요.

· 我等了你半天了。 나는 너를 한참 동안 기다리고 있었다.[술어+목적어(인칭대사)+시량보어]
· 我学了一年(的)汉语了。 나는 1년째 중국어 공부를 하고 있다.[술어+시량보어+(的)+목적어(일반명사)]
· 每天晚上你们学习几个小时? 매일 저녁 너희는 몇 시간 동안 공부하니?[술어+시량보어]
· 他找了你一天。 그는 너를 하루 종일 찾았어.[술어+목적어(인칭대사)+시량보어]
· 昨天我们看了两个小时的电视。 어제 우리는 두 시간 동안 텔레비전을 보았다.[술어+보어+的+목적어(일반명사)]

04 정도보어

你跳舞跳得怎么样?
춤추는 정도는 어떠니?[=네 춤 실력이 어느 정도이니?]

정도보어는 '술어(형용사/동사)+得+정도보어(형용사)'의 형태로 술어의 정도를 보충해 주는 보어입니다. 흔히 쓰는 '很', '非常', '真'과 같은 정도부사보다 훨씬 다양하게 술어의 정도를 표현할 수 있습니다. 목적어를 가질 때는 술어를 한 번 더 반복한 후 정도보어를 써야 합니다.

· 我跳舞跳得不太好。 나는 춤을 그다지 잘 추지 못한다.
· 每天我起得很早。 나는 매일 매우 일찍 일어난다.
· 他说汉语说得非常流利。 그는 중국어가 매우 유창하다.
· 我弟弟唱歌唱得不好听。 내 남동생은 노래를 잘하지 못한다.

다음 질문에 아래와 같이 자신의 상황에 맞게 생각을 제시하고 개요를 짠 후, 말해 보세요. CD 26

Q. 调查中表明你喜欢去旅行。请讲一讲最难忘的旅行经历。什么时候去的？去哪儿了？
跟谁去的？做了什么？请详细讲一讲。

조사에서 당신은 여행을 좋아한다고 했습니다. 가장 잊기 힘든 여행 경험을 말해 보세요. 언제 갔습니까?
어디로 갔습니까? 누구와 가서 무엇을 했습니까? 자세하게 말해 보세요.

생각 제시(Brainstorming)

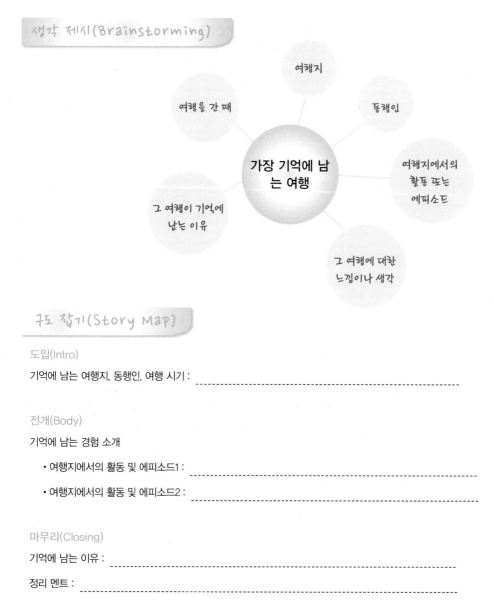

여행지

동행인

여행을 간 때

가장 기억에 남
는 여행

여행지에서의
활동 또는
에피소드

그 여행이 기억에
남는 이유

그 여행에 대한
느낌이나 생각

구도 잡기(Story Map)

도입(Intro)

기억에 남는 여행지, 동행인, 여행 시기 : ---

전개(Body)

기억에 남는 경험 소개

• 여행지에서의 활동 및 에피소드1 : ---

• 여행지에서의 활동 및 에피소드2 : ---

마무리(Closing)

기억에 남는 이유 : --

정리 멘트 : ---

1 다음 문장을 읽고 한글 단어를 중국어로 알맞게 써 보세요.

❶ 我爸爸平时喜欢钓鱼，所以在那儿划船，<u>낚시하다</u> 了。 →

❷ 济州岛 <u>이국적 풍경</u> 的自然景色和多种多样的
特色景点把我们 <u>매료시키다</u> 了。 →

❸ 哇！听说你爱 <u>춤을 추다</u>，我别提多高兴了！ →

❹ 从那次以后，我才了解到跳舞不是这么简单，
每天都要 <u>끊임없다</u> 地练习。 →

❺ 我觉得跳舞既能健身 <u>마음을 건강하게 하다</u>。 →

2 다음 중국어 문장을 해석해 보세요.

❶ 昨天我们看了两个小时的电视。

❷ 我弟弟唱歌唱得不好听。

❸ 现在我的心别提多紧张了！

❹ 你去市场，顺便帮我买来东西吧。

❺ 期末考试快要到了，别提多担心了！

3 다음 한국어 문장을 중국어로 바꾸어 써 보세요.

❶ 나는 그곳으로 여행을 간 김에 유명한 특산품도 샀다.

❷ 네 춤 실력은 어느 정도이니?

❸ 그곳에 도착했을 때, 얼마나 기뻤는지 말도 마라.

❹ 너는 얼마 동안 춤을 배웠니?

❺ 서점에 간 김에 나는 어떤 좋은 책이 있는지 보았다.

다음 질문에 대해 개요를 작성해 보고, 실제 시험처럼 말해 보세요. 27 CD

Q. 我也喜欢跳舞。问3～4个问题了解一下我现在学的舞。

저도 춤추는 것을 좋아합니다. 질문을 3～4가지 하여 제가 현재 배우고 있는 춤에 관해 알아보세요.

Day 10

구성 형태

학습목표

① OPIc 채점영역 중 구성 형태 영역을 공략합니다.

② 요리를 주제로, 문장과 문장을 유기적으로 연결하여 응답하는 방법을 학습합니다.

③ 휴가를 주제로, 문장과 문장을 유기적으로 연결하여 응답하는 방법을 학습합니다.

Day10 구성 형태 요리/휴가

구성 형태란?

구성 형태란 단어의 선택부터 전체 담화에 이르기까지 논리적으로 구성이 되었는지 평가하는 기준입니다. 전체 응답이 길거나 화려하지 않더라도, 문장을 유기적으로 연결하고 전체 응답을 논리적으로 구성하는 능력이 필요합니다.

구성 형태 ┌─ 문장과 문장 간의 유기성 ┈┈→ 복문을 구성하는 연결어(关联词), 단어나 문장을 이어 주는 접속사(连词)를 풍부하게 활용하기

└─ 전체 문맥의 논리성 ┈┈→ ❶ 소개나 설명 시, 근거 제시하기
❷ 전체적으로 일관성 있게 응답하기

응답 길잡이

1.문장과 문장 간의 유기성

❶ 연결어나 접속사를 풍부하게 활용

我和我的朋友很喜欢运动，所以在我家庭院我们一起打羽毛球或者打乒乓球。
저와 제 친구는 운동하는 것을 좋아해서, 우리 집 정원에서 배드민턴을 치거나 탁구를 치기도 합니다.

先邀请朋友，然后我们一起吃饭、看电影。
우선 친구들을 초청하고, 그 다음에 우리는 함께 밥을 먹고 영화를 봅니다.

2.전체 문맥의 논리성

❶ 소개나 설명 시, 근거 제시

其中，鸡蛋炒饭既简单又好吃。我来介绍一下它的做法。
그중에서 달걀볶음밥은 간단하고 맛있습니다. 제가 그것의 요리법을 소개해 보겠습니다.

❷ 전체적으로 일관성 있게 응답

Q. 请讲一讲在家度假的活动。집에서 휴가를 보낼 때의 활동을 말해 보세요.
A. 도입: 휴가를 집에서 보내는 것을 좋아함

전개: 집에서의 활동 1, 2, 3……

정리: 집에서 보내는 휴가의 장점 및 나에게 미치는 영향

OPIc의 주제 중 요리와 휴가에 대한 말하기에 유용한 단어입니다.

◆ 요리

요리 종류

中国菜 zhōngguó cài 중국 요리 | 日本菜 rìběn cài 일본 요리 | 家常菜 jiāchángcài 가정식 요리 | 意大利面 yìdàlìmiàn 스파게티 | 咖喱 gālí 카레 | 炒饭 chǎofàn 볶음밥 | 烤肉 kǎoròu 불고기 | 火锅 huǒguō 훠궈[중국식 샤브샤브] | 麻婆豆腐 mápódòufu 마파두부 | 沙拉 shālā 샐러드 | 参鸡汤 shēnjītāng 삼계탕 | 冷面 lěngmiàn 냉면 | 拌饭 bànfàn 비빔밥 | 糖醋肉 tángcùròu 탕수육

재료와 조리법

原料 yuánliào 재료 | 佐料 zuǒliào 조미료, 양념 | 米饭 mǐfàn 쌀밥 | 意大利面 yìdàlìmiàn 스파게티면 | 海鲜 hǎixiān 해산물 | 鸡蛋 jīdàn 달걀 | 泡菜 pàocài 김치 | 牛肉 niúròu 소고기 | 蔬菜 shūcài 야채 | 洋葱 yángcōng 양파 | 辣椒 làjiāo 고추 | 番茄酱 fānqiéjiàng 토마토케첩 | 酱油 jiàngyóu 간장 | 盐 yán 소금 | 糖 táng 설탕 | 切 qiē 자르다 | 熟 shú 익다 | 烤 kǎo 굽다 | 煮 zhǔ 삶다, 끓이다 | 炒 chǎo 볶다 | 蒸 zhēng 찌다 | 煎 jiān 부치다 | 炸 zhá 튀기다 | 打碎 dǎsuì 깨다, 부수다 | 放 fàng 넣다

요리에 대한 느낌 및 감상

油腻 yóunì 느끼하다 | 咸 xián 짜다 | 淡 dàn 싱겁다 | 清淡 qīngdàn 담백하다 | 辣 là 맵다 | 酸 suān 시다 | 苦 kǔ 쓰다 | 甜 tián 달다 | 嫩 nèn 부드럽다 | 流口水 liú kǒushuǐ 군침이 돌다 | 口感 kǒugǎn 입맛, (혀에 닿는) 감촉 | 胃口 wèikǒu 식욕 | 表扬 biǎoyáng 칭찬하다 | 批评 pīpíng 비평하다

◆ 휴가

휴가의 장소 및 방식

国内 guónèi 국내 | 国外 guówài 국외 | 家里 jiāli 집, 집 안 | 欣赏 xīnshǎng 감상하다 | 风景 fēngjǐng 풍경 | 景色 jǐngsè 모습, 정경 | 压力 yālì 스트레스 | 游览 yóulǎn 유람하다, 구경하다 | 风光 fēngguāng 풍경 | 体验 tǐyàn 체험하다 | 文化 wénhuà 문화 | 体力 tǐlì 체력

휴가 때의 활동

兜风 dōufēng 드라이브하다 | 逛街 guàngjiē 거리 구경을 하다, 아이쇼핑하다 | 参加 cānjiā 참가하다 | 做菜 zuòcài 요리하다 | 睡懒觉 shuì lǎn jiào 늦잠을 자다 | 家务 jiāwù 집안일 | 晚会 wǎnhuì 파티 | 开 kāi 열다 | 邀请 yāoqǐng 초대하다 | 熬夜 áoyè 밤새다 | 聊天儿 liáotiānr 이야기하다 | 游戏 yóuxì 오락, 게임

휴가 때의 활동에 대한 느낌 및 감상

恢复 huīfù 회복하다 | 缓解 huǎnjiě 완화되다, 느슨해지다 | 充电 chōngdiàn (휴식·오락 등을 통해) 재충전하다 | 增长见识 zēngzhǎng jiànshí 견문을 넓히다 | 陶冶 táoyě 연마하다, 수양하다 | 开阔眼界 kāikuò yǎnjiè 견문을 넓히다 | 享受 xiǎngshòu 누리다, 즐기다 | 沟通 gōutōng 교류하다 | 轻松 qīngsōng 홀가분하다, 긴장을 풀다 | 舒服 shūfu 편안하다 | 欢乐 huānlè 즐겁다

01 既~又~   ~하고 ~하다

鸡蛋炒饭既简单又好吃。

달걀볶음밥은 간단하고 맛있다.

'既~又~'는 '~하기도 하고 ~하기도 하다'라는 의미로 사람이나 사물이 동시에 가지고 있는 성질 혹은 상황을 나타낼 때 사용합니다. 대부분 품사와 음절 수가 동일한 동사나 형용사를 활용합니다. 비슷한 표현으로 '又~又~'가 있습니다.

- 汉语老师又年轻又漂亮。 중국어 선생님은 젊고 예쁘다.
- 他既没有钱，又没有工作。 그는 돈도 없고, 직업도 없다.
- 她既会说汉语，又会说英语。 그녀는 중국어를 말할 줄도 알고, 영어도 말할 줄 안다.
- 这个房间既宽敞，又干净。 이 방은 넓고, 깨끗하다.

02 把   [목적어를 술어 앞으로 도치하는 개사]

把鸡蛋放到锅里，炒一下。

달걀을 프라이팬에 넣고, 잠시 볶는다.

중국어의 기본 문형은 '주어+술어+목적어'이지만, 개사 '把'를 이용하여 목적어를 술어 앞으로 도치할 수 있습니다. 이러한 문장을 '把字句'라고 합니다. 이때 술어는 단독으로 쓰일 수 없고 반드시 방향보어, 결과보어, '了', '着'와 같은 추가 성분이 함께 쓰여야 합니다.

- 请把名字写在这儿。 이름을 여기에 써 주세요.[주어+把+목적어+동사在]
- 他把英文翻译成中文。 그는 영어를 중국어로 번역한다.[주어+把+목적어+동사成]
- 我已经把那本书还给他了。 나는 이미 그 책을 그녀에게 돌려주었다.[주어+把+목적어+동사给]
- 我每天把孩子送到学校去。 나는 매일 아이를 학교까지 바래다준다.[주어+把+목적어+동사到]
- 他把美元换成人民币了。 그는 달러를 인민폐로 바꿨다.[주어+把+목적어+동사成]
- 我把火车票交给了他。 나는 기차표를 그에게 건네주었다.[주어+把+목적어+동사给]

03 着 [동작의 진행, 상태의 지속을 나타냄]

他看着书呢。

그는 책을 보고 있다.

'着'는 동사나 형용사 뒤에 쓰여 동작의 진행이나 상태의 지속을 나타내 주는 동태조사입니다. 부정형은 '没(有)+(동사/형용사)+着'의 형태로 쓰고, 연동문에서는 첫 번째 동사 뒤에 쓰여 두 번째 동사의 방식이나 방법을 나타냅니다.

· 我整天在家躺着看电视。　나는 온종일 집에 누워서 텔레비전을 본다.
· 他站着听音乐。　그는 서서 음악을 듣는다.
· 我没有躺着。　나는 누워 있지 않다.
· 你的衣服在衣架上挂着呢。　너의 옷은 옷걸이에 걸려 있다.

04 先~, 然后~　먼저~, 그 다음에 ~

先邀请朋友，然后我们一起吃饭、看电影。

우선 친구들을 초청하고, 그 다음에 우리는 함께 밥을 먹고 영화를 본다.

'先~, 然后~'는 한 가지 동작이나 상황이 발생한 후에 다른 동작이나 상황이 발생하는 것을 나타냅니다. '先~, 然后再~'라고도 표현할 수 있습니다.

· 先吃饭，然后再逛商店。　먼저 식사를 하고, 그 다음에 상점을 구경한다.
· 先做功课，然后看电视。　먼저 공부를 하고, 그 다음에 텔레비전을 본다.
· 先打电话约好时间，然后去。　먼저 전화로 약속 시간을 잡고, 그 다음에 간다.
· 先看质量，然后看价格。　우선 품질을 보고, 그 다음에 가격을 본다.

다음 질문에 아래와 같이 자신의 상황에 맞게 생각을 제시하고 개요를 짠 후, 말해 보세요.

Q. 调查中表明你喜欢做菜。你会做什么菜? 怎么做? 请详细讲一讲。

조사에서 당신은 요리하는 것을 좋아한다고 했습니다. 무슨 요리를 할 줄 아나요? 어떻게 만드나요? 자세히 설명해 보세요.

생각 제시(Brainstorming)

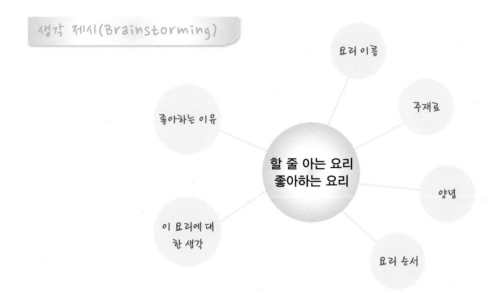

구도 잡기(Story Map)

도입(Intro)

요리 소개(근거 제시) : --

전개(Body)

요리에 필요한 재료 : --

요리 순서 : --

마무리(Closing)

소개한 요리에 대한 생각 : --

1 다음 문장을 읽고 한글 단어를 중국어로 알맞게 써 보세요.

❶ 需要的 <u>재료</u> 是：米饭、鸡蛋。 →

❷ 要准备的佐料是：油、<u>소금</u>、<u>토마토케첩</u>。 →

❸ 我一个人在家看看书，做做家务或者 <u>늦잠을 자다</u>。 →

❹ 先 <u>초대하다</u> 朋友，然后我们一起吃饭、看电影 。 →

❺ 能让我 <u>회복하다</u> 体力，缓解压力。 →

2 다음 중국어 문장을 해석해 보세요.

❶ 先看质量，然后看价格。

❷ 她既会说汉语，又会说英语。

❸ 他把美元换成人民币了。

❹ 你的衣服在衣架上挂着呢。

❺ 我把火车票交给了他。

3 다음 한국어 문장을 중국어로 바꾸어 써 보세요.

❶ 나는 온종일 집에 누워서 텔레비전을 본다.

❷ 먼저 전화로 약속 시간을 잡고, 그 다음에 간다.

❸ 달걀볶음밥은 간단하고 맛있다.

❹ 달걀을 프라이팬에 넣고, 잠시 볶는다.[개사 '把' 사용]

❺ 나는 누워 있지 않다.

다음 질문에 대해 개요를 작성해 보고, 실제 시험처럼 말해 보세요.  CD 30

Q. 你说你在家度假，在家度假的时候，做什么活动？跟谁一起度假？请讲一讲在家度假的活动。

당신은 집에서 휴가를 보낸다고 했습니다. 집에서 휴가를 보낼 때, 무슨 활동을 합니까? 누구와 함께 보냅니까? 집에서 휴가를 보낼 때의 활동을 말해 보세요.

Day 11
자기소개

학습목표

① OPIc 주제 중 자기소개를 공략합니다.

② 직장인에게 적합한 자기소개 관련 단어를 익히고 과제를 수행합니다.

③ 학생에게 적합한 자기소개 관련 단어를 익히고 과제를 수행합니다.

Day11 자기소개 직장인편/학생편

자기소개

OPIc에서 자기소개는 항상 필수로 출제되는 항목입니다. 따라서 짜임새 있는 구성과 다양한 단어 및 표현을 활용하여 미리 준비해 두는 것이 좋습니다. 자기 자신을 소개하는 것인 만큼 유창하고 자신 있게 응답하는 것이 중요합니다.

자기소개 ⟶ 자신에 대한 기본 정보 제공 ⟶ 외면적 사실 및 어필할 수 있는 특징: 이름, 직업/학교, 가족 관계, 성격, 취미 등

응답 길잡이

1. 자신에 대한 기본적인 정보 제공

❶ **이름** : 我叫金美娜，生于1983年5月5号。 저는 김미나라고 합니다. 1983년 5월 5일에 태어났습니다.

❷ **직업/학교** : 现在在大韩公司工作。 지금 대한회사에서 근무합니다.
我是大韩大学英文系3年级的学生。 저는 대한대학교 영문과 3학년 학생입니다.

❸ **거주지 및 가족 관계** : 我现在住在首尔，我家有五口人，爸爸、妈妈、两个哥哥和我。
저는 현재 서울에 살고, 가족은 아버지, 어머니, 두 명의 오빠, 그리고 저 이렇게 다섯 식구입니다.

❹ **성격** : 我很喜欢跟人打交道，性格比较活泼。 저는 친구 사귀는 것을 좋아하고, 성격은 비교적 활발합니다.

❺ **외모** : 我有一头短发，一双不大不小的眼睛，学习的时候带着一副眼镜，个子比较高。
저는 짧은 머리와 크지도 작지도 않은 눈을 가지고 있고, 공부를 할 때는 안경을 씁니다. 키는 비교적 큰 편입니다.

❻ **취미** : 我的爱好是做菜。 제 취미는 요리하기입니다.

> **Tip** 높은 점수를 받고 싶다면, 자신에 대해 좀 더 심도 있는 정보를 제공해 보세요. 자신의 장점, 가치관이나 꿈, 그리고 타인과 차별화되는 특징이 있다면 미리 준비해 두는 게 좋겠지요?
>
> **예** 我的优点就是自信，自己相信自己。还有乐观、积极就是我最大的优点。 저의 장점은 자신감입니다. 스스로를 믿는 것이지요. 또한 낙관적이고 적극적인 것은 저의 최대의 장점입니다.
> 我的优点就是认真，不管做什么事儿，我都很认真。 저의 장점은 성실하다는 것입니다. 어떤 일을 하든지 간에, 항상 열심히 합니다.

OPIc의 주제 중 자기소개에 유용한 단어입니다.

◆ 직장인편

이름, 나이, 직업 소개

名字 míngzi 이름 | 姓 xìng 성씨, 성이 ~이다 | 叫 jiào ~라고 불리다 | 今年 jīnnián 금년, 올해 | 岁 suì ~살, ~세 | 生于 shēng yú ~에 태어나다 | 出生 chūshēng 태어나다 | 职业 zhíyè 직업 | 公司 gōngsī 회사 | 老师 lǎoshī 선생님 | 公司职员 gōngsī zhíyuán 회사원 | 医生 yīshēng 의사 | 公务员 gōngwùyuán 공무원

가족 관계, 주거지 소개

四口人 sì kǒu rén 네 식구 | 结婚 jiéhūn 결혼하다 | 爱人 àiren 아내, 남편[배우자를 가리킴] | 父母 fùmǔ 부모님 | 孩子 háizi 아이 | 儿子 érzi 아들 | 女儿 nǚ'ér 딸 | 住在 zhù zài ~에 살다 | 一起 yìqǐ 함께 | 公寓 gōngyù 아파트 | 平房 píngfáng 단층집

외모, 성격, 취미 소개

个子 gèzi 키 | 高 gāo (키가) 크다 | 矮 ǎi (키가) 작다 | 头发 tóufa 머리카락 | 短发 duǎn fà 짧은 머리 | 长发 cháng fà 긴 머리 | 脸 liǎn 얼굴 | 眼睛 yǎnjing 눈 | 外向 wàixiàng 외향적이다 | 开朗 kāilǎng 활발하다 | 爱好 àihào 취미 | 做菜 zuòcài 요리하다 | 照相 zhàoxiàng 사진을 찍다 | 运动 yùndòng 운동하다 | 打棒球 dǎ bàngqiú 야구하다

◆ 인물 소개

학교, 전공 소개

学生 xuésheng 학생 | 大学生 dàxuéshēng 대학생 | 留学生 liúxuéshēng 유학생 | 年级 niánjí 학년 | 大学 dàxué 대학 | 学校 xuéxiào 학교 | 位于 wèi yú ~에 위치하다 | 专业 zhuānyè 전공 | 系 xì 학과 | 英文系 yīngwénxì 영문과 | 中文系 zhōngwénxì 중문과 | 毕业 bìyè 졸업하다

가족 관계, 주거지 소개

家人 jiārén 가족 | 爸爸 bàba 아빠 | 妈妈 māma 엄마 | 哥哥 gēge 형, 오빠 | 姐姐 jiějie 누나, 언니 | 老小 lǎoxiǎo 막내 | 老大 lǎodà 첫째 | 独生女 dúshēngnǚ 외동딸 | 独生子 dúshēngzǐ 외동아들 | 宿舍 sùshè 기숙사 | 离 lí ~에서 | 远 yuǎn 멀다 | 近 jìn 가깝다

외모, 성격, 취미, 장래희망 소개

身材 shēncái 몸매 | 胖 pàng 뚱뚱하다 | 瘦 shòu 마르다 | 内向 nèixiàng 내성적이다 | 打交道 dǎ jiādao 사귀다, 교제하다 | 爽快 shuǎngkuai 솔직하다 | 幽默 yōumò 유머러스하다 | 旅行 lǚxíng 여행하다 | 游泳 yóuyǒng 수영하다 | 跑步 pǎobù 조깅하다 | 当 dāng ~이 되다 | 教授 jiàoshòu 교수 | 翻译 fānyì 통역사, 번역가

01 不~(也)不~   ~하지도 않고 ~하지도 않다

我身材不胖也不瘦。

내 몸매는 뚱뚱하지도, 마르지도 않았다.

'不~(也)不~'는 '不+A+(也)不+B'의 형태로 쓰여 'A하지도 않고 B하지도 않다'라는 의미를 나타냅니다. A, B의 위치에는 일반적으로 서로 상반되는 의미의 단음절 형용사, 또는 문맥상 대등하게 나열할 수 있는 단음절 동사가 옵니다. 또한, 이 표현은 뜻이 서로 반대되거나 관계 있는 동사 앞에 쓰여 '如果不~就不… (~않으면 …않는다)'의 의미를 나타내기도 합니다.

· 这个苹果不好吃不要钱。 이 사과가 맛이 없으면 돈을 원하지도 않아요.
· 最近天气不冷也不热。 요즘 날씨는 춥지도 덥지도 않다.
· 这条裤子不长也不短，正好。 이 바지는 길지도 짧지도 않고 딱 좋다.
· 这是我的一点小意思，你不收不行 。 이것은 제 작은 마음이에요. 받지 않으면 안 돼요.

02 尤其是   특히 ~하다

我做菜做得很好吃，尤其是中国菜。

나는 요리를 무척 잘하는데, 특히 중국 요리를 잘한다.

'尤其是'의 '尤其'는 '특히', '유독'이라는 의미로, '尤其是'는 복문의 뒷문장에 위치하여 앞문장에서 언급한 내용 중 특히 두드러지는 대상을 부각시킵니다. 비슷한 표현으로 '特別是'가 있습니다.

· 我喜欢看书，特别是小说。 나는 책 읽는 것을 좋아하는데, 특히 소설을 좋아한다.
· 他的孩子都很聪明，尤其是老大。 그의 아이는 모두 똑똑한데, 특히 첫째가 똑똑하다.
· 我的爱好是打球，尤其是篮球。 내 취미는 구기 운동을 하는 것인데, 특히 농구를 좋아한다.
· 我们班的学生都爱说话，尤其是她。 우리 반 학생들은 말하는 것을 좋아하는데, 특히 그녀가 그렇다.

03 不管～，都… ~에 관계없이 모두 …하다

不管做什么事儿，我都很认真。

어떤 일을 하든지 나는 항상 열심히 한다.

'不管～，都…'는 '~에 관계없이/~이든 아니든 모두 …하다'라는 의미를 나타냅니다. '不管' 뒤에는 주로 의문사, 정반의문문, 선택의문문 등의 구문이 쓰입니다.

- 不管他去不去，我都要去。　그가 가든 안 가든 관계없이 나는 갈 것이다.
- 不管国内电影还是国外电影，我都喜欢看。　국내영화든 해외영화든 나는 모두 좋아한다.
- 不管工作怎么忙，你们都要抽时间学习汉语。
　일이 아무리 바빠도 너희는 시간을 내어서 중국어 공부를 해야 한다.
- 不管别人怎么说，我都要跟他结婚。　다른 사람이 어떻게 말하든 나는 그와 결혼할 것이다.
- 不管你有什么困难，我都会帮你。　네가 어떤 어려움이 있든지 나는 너를 돕겠다.

04 如果～的话，就… 만약 ~라면 …하다

如果有机会的话，我就想去世界各地照相。

만약에 기회가 생긴다면, 세계 각지에 가서 사진을 찍고 싶다.

'如果～的话，就…'는 '만약 ~라면 …하다'라는 뜻으로, 가정을 나타내는 표현입니다. '如果'를 생략하여 '~的话'의 형태로 사용할 수도 있고, '如果'대신 '要是'를 사용할 수도 있습니다.

- 要是你工作忙的话，就别来了。　만약에 일이 바쁘다면 오지 마라.
- 如果不能来的话，就给我打个电话。　만약에 올 수 없으면, 나에게 전화해 줘.
- 钱不够的话，以后再买吧。　돈이 부족하면 나중에 다시 사세요.
- 要是有其它的意见，就随便提出来。　만약에 다른 의견이 있으면, 자유롭게 말해 보세요.

OPIc중국어 실전공략

다음 질문에 아래와 같이 자신의 상황에 맞게 생각을 제시하고 개요를 짠 후, 말해 보세요.

Q. 请介绍一下你自己。

자기소개를 해 주세요.[직장인편]

생각 제시(Brainstorming)

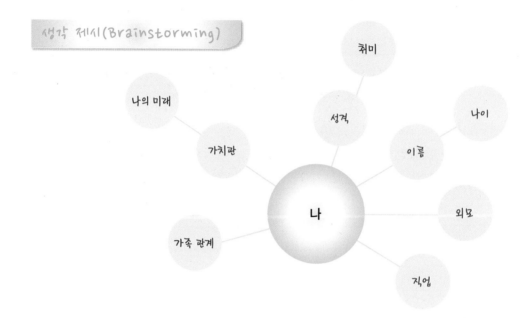

구도 잡기(Story Map)

- 이름 : --------------------------------
- 기본적인 정보 제공(나이, 가족 관계, 성격, 취미, 생김새……) :

- 심도 있는 정보 제공(가치관, 인생관, 인생의 포부……) :

연습문제

1 다음 문장을 읽고 한글 단어를 중국어로 알맞게 써 보세요.

❶ 我来 <u>소개하다</u> 一下儿。 →

❷ 我是 <u>막내</u>，是一个 <u>외향적이다</u> 的人。 →

❸ 我有一头 <u>짧은 머리</u>，一双不大不小的眼睛。 →

❹ 我很喜欢跟人 <u>사귀다</u>，性格比较活泼。 →

❺ 现在我住在首尔学校的 <u>기숙사</u>。 →

2 다음 중국어 문장을 해석해 보세요.

❶ 他的孩子都很聪明，尤其是老大。

❷ 不管别人怎么说，我都要跟他结婚。

❸ 这是我的一点小意思，你不收不行。

❹ 如果不能来的话，就给我打个电话。

❺ 不管他去不去，我都要去。

3 다음 한국어 문장을 중국어로 바꾸어 써 보세요.

❶ 어떤 일을 하든지 나는 항상 열심히 한다.

❷ 나는 요리를 무척 잘하는데, 특히 중국 요리를 잘한다.

❸ 만약에 기회가 생긴다면 세계 각지에 가서
사진을 찍고 싶다.

❹ 내 몸매는 뚱뚱하지도, 마르지도 않았다.

❺ 우리 반 학생들은 말하는 것을 좋아하는데,
특히 그녀가 그렇다.

다음 질문에 대해 개요를 작성해 보고, 실제 시험처럼 말해 보세요. **33** CD

Q. 请介绍一下你自己。

자기소개를 해 주세요.[학생편]

Day12

직장 관련 주제

학습목표

① OPIc 주제 중 직장 관련 주제를 공략합니다.

② 프로젝트 관련 단어를 익히고 기본 유형의 과제를 수행합니다.

③ 회사와 업무 관련 단어를 익히고 콤보 유형의 과제를 수행합니다.

직장 관련 주제

OPIc에서 직장과 관련하여 프로젝트, 회사와 업무 항목은 자주 출제되는 과제이므로 체계적인 준비가 필요합니다. 프로젝트에 대한 업무는 테크놀로지와 연계하여 소개하는 것이 좋습니다. 회사와 업무에 대한 주제는 일 소개, 동료 묘사, 지각한 경험 등 다양한 주제에 대비해야 합니다.

직장 관련

프로젝트
❶ 프로젝트의 전반적인 소개:
  프로젝트 종류, 과정, 결과, 팀원 등
❷ 테크놀로지와 연계하여 설명:
  자주 사용하는 기술과 방법, 기술을 배우게 된 계기 등

회사와 업무
❶ 회사의 기본적인 정보 소개: 회사 연혁, 위치, 특징 등
❷ 업무 소개(다양한 주제에 대비하기)

응답 길잡이

1 프로젝트

❶ **프로젝트 소개**

关于客户满意度，最近我们分公司进行了调查。然后，我们组制作了客户满意手册。

고객만족도에 관하여 최근 우리 지사는 조사를 진행했습니다. 그리고 난 후, 우리 팀은 고객만족 매뉴얼을 만들었습니다.

❷ **테크놀로지와 연계한 설명**

只是用电脑、由拟定调查表要用的一种数据表程序(Excell软件)计算机程序。

단지 컴퓨터와 설문지 작성에 필요한 일종의 Excel 프로그램만 사용했습니다.

2 회사와 업무

❶ **회사의 기본적인 정보 소개**

我们公司在市厅，成立于1999年，在多个城市设立了分公司。

우리 회사는 시청에 위치해 있고 1999년에 창립되었으며 많은 도시에 지사를 설립했습니다.

❷ **업무 소개**

我们公司为旅行客户提供包价旅行，而且为去出差的客户提供一个日程安排的服务。

우리 회사는 여행 고객을 위해 패키지 여행을 제공하고, 출장 가는 고객을 위해 일정을 고려한 맞춤형 서비스를 제공합니다.

OPIc의 주제 중 프로젝트와 회사/업무에 대한 말하기에 유용한 단어입니다.

◆ 프로젝트

프로젝트 소개

项目 xiàngmù 프로젝트 | 手册 shǒucè 매뉴얼 | 调查 diàochá 조사하다 | 客户 kèhù 고객, 손님 | 满意度 mǎnyìdù 만족도 | 培训 péixùn 양성하다 | 书评 shūpíng 도서, 서평 | 展览会 zhǎnlǎnhuì 전시회 | 网站 wǎngzhàn 사이트 | 开发 kāifā 개발하다

프로젝트 업무와 내용

更新 gēngxīn 새롭게 바꾸다, 혁신하다 | 负责人 fùzérén 책임자 | 演示 yǎnshì 프레젠테이션하다, 시범을 보이다 | 发表 fābiǎo 발표하다 | 打折 dǎzhé 할인행사를 하다 | 资料 zīliào 자료 | 资讯 zīxùn 정보 | 研讨会 yántǎohuì 세미나 | 访问 fǎngwèn 방문하다 | 建议 jiànyì 제안하다

사용한 기술 및 결과와 느낌

高新技术 gāoxīn jìshù 첨단기술 | 智能手机 zhìnéng shǒujī 스마트폰 | 视听资料 shìtīng zīliào 시청각 자료 | 计算机程序 jìsuànjī chéngxù 컴퓨터 프로그램 | 电脑 diànnǎo 컴퓨터 | 投影仪 tóuyǐngyí 프로젝터 | 拟定 nǐdìng 작성하다 | 紧张 jǐnzhāng 긴장하다 | 成功 chénggōng 성공하다 | 价值 jiàzhí 가치, 보람 | 显示屏 xiǎnshìpíng 스크린

◆ 회사와 업무

회사와 업무 소개

旅行社 lǚxíngshè 여행사 | 通讯公司 tōngxùn gōngsī 통신회사 | 分公司 fēngōngsī 지사, 지점 | 总公司 zǒnggōngsī 본사, 본점 | 成立 chénglì 창립하다 | 设立 shèlì 세우다, 설립하다 | 经营部 jīngyíngbù 경영팀 | 人事管理部 rénshì guǎnlǐbù 인사관리팀 | 市场部 shìchǎngbù 마케팅팀 | 公关部 gōngguānbù 대외협력팀 | 购买部 gòumǎibù 구매팀

회사의 핵심 서비스와 상품 소개

提供 tígōng 제공한다 | 包价旅行 bāojià lǚxíng 패키지 여행 | 日程 rìchéng 일정, 스케줄 | 服务 fúwù 서비스 | 产品 chǎnpǐn 제품 | 零件 língjiàn 부품, 부속품 | 导游 dǎoyóu 가이드 | 安排 ānpái 안배하다, 분배하다, 배치하다 | 婴儿用品 yīng'ér yòngpǐn 아기 용품 | 食品 shípǐn 식품

개인적인 의견과 느낌

帮助 bāngzhù 돕다 | 氛围 fēnwéi 분위기 | 发展 fāzhǎn 발전하다 | 相信 xiāngxìn 믿다 | 努力 nǔlì 노력하다, 열심히 하다 | 感觉 gǎnjué 느낌, 느끼다 | 珍惜 zhēnxī 소중히 여기다 | 难过 nánguò 괴롭다, 슬프다 | 无聊 wúliáo 무료하다, 지루하다 | 满意 mǎnyì 만족하다

01 关于 ~에 관하여

关于客户满意度，最近我们分公司进行了调查。

고객만족도에 관하여 최근 우리 지사는 조사를 진행했다.

'关于'는 '~에 관하여'라는 의미로, 말하고자 하는 주제를 나타냅니다. 주로 주어 앞에 위치하고 문장에서 부사어의 역할을 합니다. 비슷한 표현으로 '对于'가 있습니다. '~에 대하여'라는 의미인데 '关于'보다 대상을 명확하게 가리키며, 주어의 앞뒤에 모두 위치할 수 있습니다.

- 对于我们的学习方法，老师很满意。 우리의 공부 방법에 대해 선생님께서는 만족하신다.
- 关于公司的规定，我真不能理解。 회사의 규정에 관해서 나는 정말 이해할 수 없다.
- 关于这个问题，还要研究一下。 이 문제에 관해서 좀 더 연구를 해야 한다.
- 关于工作的安排问题，他会尽快解决的。 업무 분배 문제에 관해서는 그가 빨리 해결해 줄 것이다.

02 说实话 솔직히 말해서

说实话，演示那个文稿的时候，我太紧张了，全身冒汗了。

솔직히 말해서 그 자료를 프레젠테이션할 때, 나는 무척 긴장해서 온몸에서 땀이 났다.

'说实话'는 '솔직히 말해서', '사실대로 말해서'라는 표현입니다. 비슷한 표현으로 '说真的', '老实说'가 있습니다. '说~话'의 비슷한 패턴으로 '说闲话'가 있는데, '(험담, 쓸데없는 말 등을) 하다'라는 의미입니다.

- 爱说闲话的人，迟早一定会吃亏。 험담하기를 좋아하는 사람은, 언제든 반드시 손해를 입을 것이다.
- 说实话，我一直在爱你。 솔직히 나는 당신을 계속 사랑하고 있다.
- 说真的，我也很想挣大钱。 정말이지 나도 많은 돈을 벌고 싶다.
- 说实话，他们还没找到工作。 사실대로 말하자면 그들은 아직 일을 구하지 못했다.

03 包括～   ~을 포함하다

包括我们组的组长，同事一共有八个人，所以感到很舒适。

우리 팀의 팀장님을 포함하여 동료가 모두 8명이어서 아늑하다.

'包括'는 '包括+A'의 형태로 쓰여 'A를 포함하다'라는 의미를 나타내고, 사람이나 사물이 모두 포함의 대상이 될 수 있습니다. 종종 '~의 범위 안에 있다'라는 의미의 '在内'와 호응하여 쓰이기도 합니다.

- 包括老师在内，一共十五个人都来了。   선생님을 포함하여 모두 15명이 왔다.
- 外语考试一般包括听、说、读、写四个部分。
  외국어 시험은 일반적으로 듣기, 말하기, 읽기, 쓰기의 네 가지 부분을 포함한다.
- 包括经理，大家都能参加今天的公司聚会。   사장님을 포함하여 모두 오늘 회사 모임에 참가할 수 있다.
- 这些菜三百块钱，不包括酒钱在内。   이 요리는 300위앤인데, 술값은 포함되지 않았다.

04 加上   게다가

加上，如果客户要的话，我们公司提供会说汉语也会说韩语的导游。

게다가 고객이 원한다면 우리 회사는 중국어와 한국어를 모두 할 줄 아는 가이드를 제공한다.

'加上'은 '게다가', '~한 데다가'라는 의미로, 주로 'A, 加上+B'의 형태로 쓰여서 앞에서 언급한 말에 부연 설명을 합니다. 강조의 의미로 '再'를 덧붙여서 '再加上'과 같이 표현하기도 합니다.

- 下着大雪，再加上对这条路不熟，所以我迟到了。
  눈이 많이 내리는 데다가 이 길은 잘 알지 못해서 지각을 했다.
- 今天天气很热，加上潮湿，我很不舒服。   오늘 날씨가 더운 데다가 습하기까지 해서 나는 매우 불편하다.
- 最近我经常加班，加上家务很多，我快要生病了。
  요즘 나는 자주 초과근무를 했다. 게다가 집안일까지 많아서 나는 병이 날 것 같다.
- 下大雨，再加上刮大风，冷得不得了。   비가 많이 내리는 데다가 바람까지 많이 불어서 정말 춥다.

다음 질문에 아래와 같이 자신의 상황에 맞게 생각을 제시하고 개요를 짠 후, 말해 보세요. **CD 35**

Q. 最近你进行了哪种项目？进行那个项目的时候，用了哪种高新技术？那个技术对项目有什么帮助，起了什么样的作用，请详细讲一讲。

최근에 어떤 종류의 프로젝트를 진행하였나요? 프로젝트를 진행하면서 어떤 종류의 첨단기술(테크놀로지)을 사용했나요? 그 기술은 프로젝트에 어떤 도움이 되었고, 어떤 영향을 미쳤는지 자세히 말해 보세요.

생각 제시(Brainstorming)

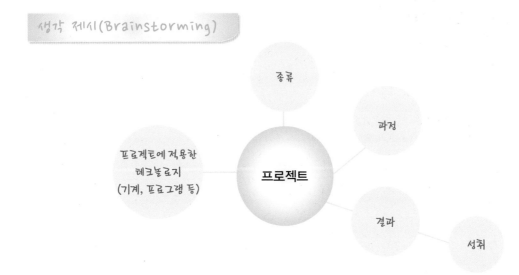

구도 잡기(Story Map)

도입(Intro)

프로젝트 소개 : --

전개(Body)

프로젝트에서 나의 업무와 내용 : --

프로젝트에 적용한 테크놀로지 : --

마무리(Closing)

프로젝트의 결과 및 성취 : --

1 다음 문장을 읽고 한글 단어를 중국어로 알맞게 써 보세요.

① 关于客户满意度，最近我们分公司进行了 <u>조사</u>。 → 　　

② 那个 <u>프로젝트</u> 的成功让我感到了工作的 <u>가치</u>。 → 　　

③ 现在我在专门 <u>제공하다</u> 中国旅游服务的旅行社工作。 → 　　

④ 为去出差的客户提供一个日程安排的 <u>서비스</u>。 → 　　

⑤ 我觉得这些服务会给客户提供很多 <u>도움</u>。 → 　　

2 다음 중국어 문장을 해석해 보세요.

① 最近我经常加班，加上家务很多，我快要生病了。

② 关于公司的规定，我真不能理解。

③ 说真的，我也很想挣大钱。

④ 包括经理，大家都能参加今天的公司聚会。

⑤ 下大雨，再加上刮大风，冷得不得了。

3 다음 한국어 문장을 중국어로 바꾸어 써 보세요.

① 우리 팀의 팀장님을 포함하여 동료가
모두 8명이어서 아늑하다.

② 게다가 고객이 원한다면 우리 회사는
중국어와 한국어를 모두 할 줄 아는 가이드를 제공한다.

③ 솔직히 말해서 그 자료를 프레젠테이션할 때
나는 무척 긴장해서 온몸에 땀이 났다.

④ 고객만족도에 관하여
최근 우리 지사는 조사를 진행했다.

⑤ 솔직히 나는 당신을 계속 사랑하고 있다.

다음 질문에 대해 개요를 작성해 보고, 실제 시험처럼 말해 보세요. **CD 36**

Q. 调查中表明你是公司职员。请你说明一下你们的公司。请介绍一下你们公司的产品与服务。

조사에서 당신은 회사원이라고 했습니다. 당신의 회사를 설명해 보세요. 당신 회사의 제품과 서비스를 소개해 보세요.

Day13

학교 관련 주제

학습목표

① OPIc 주제 중 학교 관련 주제를 공략합니다.

② 학교와 전공 관련 단어를 익히고 과제를 수행합니다.

③ 프로젝트와 테크놀로지 관련 단어를 익히고 과제를 수행합니다.

Day13 학교 관련 주제 학교와 전공/프로젝트와 테크놀로지

직장 관련 주제

OPIc에서 학교와 관련된 주제는 매우 광범위하므로, 다양한 주제로 말하기 연습을 하는 것이 좋습니다. 학교와 전공에 대한 주제는 묘사/소개/설명 등 다양한 말하기 유형을 활용하는 것이 좋습니다. 프로젝트와 테크놀로지는 가장 난이도가 높은 문제로, 관련 단어를 집중적으로 공략하고 짜임새 있는 구성으로 응답을 준비해야 합니다.

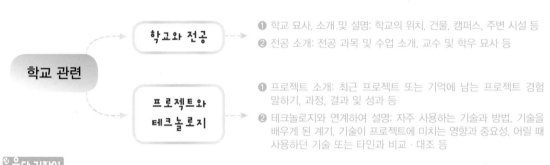

- 학교와 전공
  - ❶ 학교 묘사, 소개 및 설명: 학교의 위치, 건물, 캠퍼스, 주변 시설 등
  - ❷ 전공 소개: 전공 과목 및 수업 소개, 교수 및 학우 묘사 등

- 학교 관련
  - 프로젝트와 테크놀로지
    - ❶ 프로젝트 소개: 최근 프로젝트 또는 기억에 남는 프로젝트 경험 말하기, 과정, 결과 및 성과 등
    - ❷ 테크놀로지와 연계하여 설명: 자주 사용하는 기술과 방법, 기술을 배우게 된 계기, 기술이 프로젝트에 미치는 영향과 중요성, 어릴 때 사용하던 기술 또는 타인과 비교·대조 등

응답 길잡이

1 학교와 전공

❶ 학교 묘사, 소개 및 설명

我的学校在新村，学校附近有公园，绿化得非常好，也很安静。
저희 학교는 신촌에 있는데, 학교 근처에는 공원이 있어서 녹화가 잘 되어 있고, 또한 조용합니다.

学校有办公楼、教学楼、健身房、还有博物馆等。
학교에는 행정 건물, 강의 건물, 체육관, 그리고 박물관 등이 있습니다.

我的专业是经营系，我们教学楼旁边有一个很大的绿地操场。
저의 전공은 경영학인데, 제 강의 건물 옆에는 커다란 녹색 잔디구장이 있습니다.

2 프로젝트와 테크놀로지

❶ 테크놀로지 관련 과거와 현재 비교

从中学开始用高科技，那时候大部分的作业差不多都用电脑来写。
중고등학교 때부터 테크놀로지를 사용하기 시작했는데, 그때 컴퓨터를 사용하여 거의 대부분의 숙제를 했습니다.

前几天我发表课题的时候，用了投影仪、PowerPoint深刻视听资料的软件。
며칠 전에 저는 과제를 발표할 때, 빔 프로젝터, 파워포인트의 인상적인 시청각 자료를 사용했습니다.

❷ 테크놀로지의 중요성 강조

跟以前相比，那个高新技术能让学生们接受到更好的教育。
예전과 비교하면, 테크놀로지는 학생들이 더욱 좋은 교육을 받을 수 있도록 해 줍니다.

OPIc의 주제 중 학교와 전공, 프로젝트와 테크놀로지에 대한 말하기에 유용한 단어입니다.

◆ 학교와 전공

학교의 위치 설명

位于 wèi yú ~에 위치하다 | **郊区** jiāoqū 교외 | **附近** fùjìn 인접하다, 부근 | **街道** jiēdào 거리 | **大路** dàlù 큰길 | **左边** zuǒbian 좌측, 왼쪽 | **右边** yòubian 오른쪽 | **对面** duìmiàn 맞은편 | **坐落于** zuòluò yú 자리 잡다 | **需要** xūyào 필요하다 | **一个小时** yí ge xiǎoshí 한 시간 동안

학교의 주요 건물과 전공 소개

主建筑 zhǔjiànzhù 본관 | **正门** zhèngmén 정문 | **户外游泳池** hùwài yóuyǒngchí 실외수영장 | **学生会** xuéshēnghuì 학생회 | **办公室** bàngōngshì 사무실 | **办公楼** bàngōnglóu 행정 건물 | **教学楼** jiàoxuélóu 강의 건물 | **健身房** jiànshēnfáng 체육관 | **博物馆** bówùguǎn 박물관 | **跑道** pǎodào (경주용) 트랙 | **操场** cāochǎng 운동장 | **餐厅** cāntīng 음식점 | **商店** shāngdiàn 상점 | **邮局** yóujú 우체국 | **经营系** jīngyíngxì 경영학과

학교의 정경과 느낌

绿化 lǜhuà 녹화하다 | **樱花** yīnghuā 벚꽃 | **景观** jǐngguān 경관 | **摄影** shèyǐng 사진을 찍다 | **旅游景点** lǚyóu jǐngdiǎn 관광명소 | **喷泉** pēnquán 분수대 | **公园** gōngyuán 공원 | **坡** pō 비탈길, 언덕 | **古朴** gǔpǔ 소박하다, 고풍스럽다 | **好地方** hǎo dìfang 좋은 곳 | **浪漫** làngmàn 낭만적이다 | **热爱** rè'ài 애착을 가지다

◆ 프로젝트와 테크놀로지

프로젝트 관련 단어

方式 fāngshì 방식 | **课题** kètí 과제 | **作业** zuòyè 숙제 | **上网** shàngwǎng 인터넷하다 | **白板** báibǎn 화이트보드 | **笔** bǐ 펜 | **成绩单** chéngjìdān 성적증명서 | **教研室** jiàoyánshì 세미나실, 연구실 | **项目** xiàngmù 프로젝트 | **申请课程** shēnqǐng kèchéng 수강 신청을 하다 | **检索** jiǎnsuǒ 검색하다

테크놀로지 관련 단어

高新技术 gāoxīn jìshù 첨단기술 | **设备** shèbèi 설비, 장비 | **显示屏** xiǎnshìpíng 스크린 | **遥控器** yáokòngqì 리모컨 | **计算机程序** jìsuànjī chéngxù 컴퓨터 프로그램 | **投影仪** tóuyǐngyí 프로젝터, 영사기 | **效果** xiàoguǒ 효과 | **创意** chuàngyì 창의적이다 | **有趣** yǒuqù 재미있다, 흥미롭다 | **准备** zhǔnbèi 준비하다 | **报告** bàogào 보고서 | **分析** fēnxī 분석하다 | **容易** róngyì 쉽다

테크놀로지의 중요성과 느낌

生活 shēnghuó 생활하다 | **教育** jiàoyù 교육 | **组成** zǔchéng 조직하다, 구성하다 | **接受** jiēshòu 받아들이다 | **发现** fāxiàn 발견하다 | **开发** kāifā 개발하다 | **研究** yánjiū 연구하다 | **得到** dédào 얻다 | **有益** yǒuyì 유익하다 | **练习** liànxí 연습하다 | **方便** fāngbiàn 편리하다

01 顺着 ~를 따라서

顺着校园的大路走，可以看到一个古朴的老式建筑。

캠퍼스의 큰길을 따라 걸으면, 예스러우면서도 소박한 옛 건물을 볼 수 있다.

'顺着'는 '~를 따라서'라는 의미로, 구체적인 이동 경로를 나타낼 수도 있고 의견이나 형세 등 추상적인 것을 좇을 때도 쓸 수 있습니다. 비슷한 표현으로 '沿着'가 있는데, '沿着'의 경우 구체적인 이동 경로를 나타낼 때만 씁니다.

- 我们沿着这条路继续往前走。 우리들은 이 길을 따라 계속 앞으로 간다.
- 我喜欢顺着海边散步。 나는 해변을 따라 산책하는 것을 좋아한다.
- 顺着那条路一直走，就可以到十字路口。 저 길을 따라 곧장 가면, 사거리에 도착할 수 있다.
- 他们顺着西湖慢跑一圈儿。 그들은 시후를 따라 천천히 한 바퀴 뛰었다.

02 原来 원래, 본디

原来是主建筑，现在是展览馆。

원래는 본관 건물이었지만 지금은 전시회관이다.

'原来'는 '원래', '본디'라는 의미로, '지금은 그렇지 않다'라는 속뜻을 내포합니다. 모르고 있던 상황이나 사실을 알게 되었을 때 '알고 보니'라는 의미로도 쓰입니다.

- 他说他跟我同岁，原来他比我小五岁。
  그는 나와 동갑이라고 말했는데, 알고 보니 그는 나보다 다섯 살 어렸다.
- 这条裙子原来挺合适的，但是现在有点儿紧。 이 치마는 원래 잘 맞았는데, 지금은 조금 작다.
- 这儿原来有咖啡厅，现在没有。 이곳은 원래는 커피숍이었는데, 지금은 없다.
- 我以为她喜欢我，原来喜欢的是我朋友。
  나는 그녀가 나를 좋아하는 줄 알았는데, 알고 보니 좋아한 사람은 내 친구였다.

03 该   ~해야 한다

现在学校该用高新技术做大部分的课题、项目。
지금 학교는 최신 테크놀로지로 대부분의 과제와 프로젝트를 해야 한다.

'该'는 '~해야 한다'라는 의미로, 마땅히 그렇게 되어야 한다는 당위성을 나타냅니다. 그리고 '~의 차례이다', '~의 순서이다'라는 의미로도 쓰입니다.

- 今天该你付钱。 오늘은 네가 돈을 낼 차례야.
- 时间晚了，我该走了。 시간이 늦었으니, 나는 가야겠다.
- 钱包丢了，我该怎么办好呢？ 지갑을 잃어버렸어. 어떻게 해야 좋지?
- 接着就该你发表了。 이어서 당신이 발표할 차례입니다.

04 非~不可   ~이 아니면 안 된다

我觉得在学校的生活，现在非用高新技术不可。
나는 학교생활에서 이제는 테크놀로지가 없으면 안 된다고 생각한다.

'非~不可'는 이중 부정의 형식으로 '~이 아니면 안 된다', 즉, '반드시 ~이어야 한다'라는 의미를 나타냅니다. '非~不可'의 '不可'는 '不行', '不成'으로 바꾸어 쓰기도 합니다.

- 解决这件事儿，非他不行。 이 문제를 해결하는 데는 그가 없으면 안 된다.
- 在中国买东西的时候，你非讲价不可。 중국에서 물건을 살 때 너는 흥정을 안 하면 안 된다.
- 明天也可以去啊，你为什么非今天不可？ 내일 가도 되는데, 너는 왜 오늘이 아니면 안 된다는 거니?
- 我不想参加那个晚会，但是她非让我参加不行。
  나는 그 모임에 참가하고 싶지 않은데, 그녀는 내가 참가하지 않으면 안 된다고 한다.

다음 질문에 아래와 같이 자신의 상황에 맞게 생각을 제시하고 개요를 짠 후, 말해 보세요. CD 38

Q. 调查中表明你是学生。学校在哪儿？学校是什么样的？有什么建筑物？请详细讲一讲学校。

조사에서 당신은 학생이라고 했습니다. 학교는 어디에 있나요? 학교는 어떤 모습인가요? 어떤 건물들이 있는지 당신의 학교에 대해 자세히 말해 보세요.

생각 제시(Brainstorming)

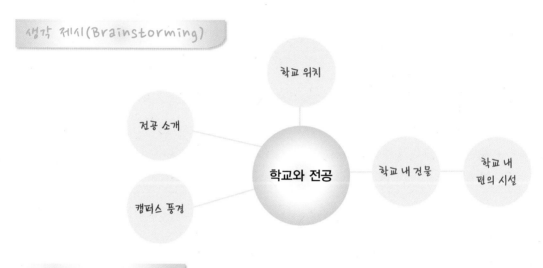

학교 위치

전공 소개

학교와 전공

학교 내 건물

학교 내 편의 시설

캠퍼스 풍경

구도 잡기(Story Map)

┌─ 학교 소개

・위치 : ---

・건물 : ---

・캠퍼스 풍경 : ---

・편의 시설 : ---

└─ 전공 소개

・전공 과목 : ---

・좋아하는 수업 소개 : -----------------------------------

・교수 또는 학우 소개 : ----------------------------------

1 다음 문장을 읽고 한글 단어를 중국어로 알맞게 써 보세요.

❶ 从学校正门看去，左边有 <u>도서관</u>，
图书馆对面有 <u>학생회 사무실</u>。 →

❷ 我觉得我们学校的生活非常 <u>편리하다</u>，
而且这里是学习的 <u>좋은 장소</u>。 →

❸ 大部分的课程让学生 <u>인터넷하다</u> 做 <u>과제</u>、作业。 →

❹ 现在用 <u>스크린</u>、遥控器、计算机程序等等。 →

❺ 这些技术让我的发表 <u>효과</u> 更好、更生动有趣。 →

2 다음 중국어 문장을 해석해 보세요.

❶ 顺着那条路一直走，就可以到十字路口。 _____

❷ 时间晚了，我该走了。 _____

❸ 我不想参加那个晚会，但是她非让我参加不行。 _____

❹ 我以为她喜欢我，原来喜欢的是我朋友。 _____

❺ 我喜欢顺着海边散步。 _____

3 다음 한국어 문장을 중국어로 바꾸어 써 보세요.

❶ 원래는 본관 건물이었지만 지금은 전시회관이다. _____

❷ 지금 학교는 최신 테크놀로지로
대부분의 과제와 프로젝트를 해야 한다. _____

❸ 캠퍼스의 큰길을 따라 걸으면,
예스러우면서도 소박한 옛 건물을 볼 수 있다. _____

❹ 나는 학교생활에서 이제는
테크놀로지가 없으면 안 된다고 생각한다. _____

❺ 이곳은 원래는 커피숍이었는데, 지금은 없다. _____

다음 질문에 대해 개요를 작성해 보고, 실제 시험처럼 말해 보세요. **CD 39**

Q. 在学校一般使用什么样的高新技术？那个技术对项目或课题有什么帮助，请详细讲一讲。

학교에서 주로 어떤 종류의 기술을 사용하나요? 테크놀로지가 프로젝트나 과제에 어떤 도움을 주었는지 자세히 말해 보세요.

Day14
주거지 관련 주제

학습목표

① OPIc 주제 중 주거지 관련 주제를 공략합니다.

② 이웃에 관련된 단어를 익히고 과제를 수행합니다.

③ 집안일에 관련된 단어를 익히고 과제를 수행합니다.

Day14 주거지 관련 주제 이웃/집안일

주거지 관련 주제

OPIc에서 주거지와 관련된 주제는 매우 포괄적이니, 집/동네/주변 환경/이웃 등 크게 분류하여 다양하게 말하기 연습을 하는 것이 좋습니다. 이웃과 관련하여 이웃 소개, 최근에 이웃과 만난 경험, 이웃 간의 기억에 남는 경험이 출제될 가능성이 높습니다. 집안일과 관련하여 어릴 때/최근 등 때에 따른 경험이나 가족들의 역할 분담이 과제로 자주 출제됩니다.

주거지 관련

이웃 → 여러 가지 주제에 대비하기, 다양한 말하기 유형 활용하기: 좋아하는 이웃 소개하기, 이웃의 특징 묘사, 이웃과의 활동 설명 등

집안일 (롤플레이) → 여러 가지 주제와 다양한 문제 유형에 대비하기: 전화 표현 연습, 문제 해결의 과제 수행 연습 등

응답 길잡이

1 이웃

❶ 좋아하는 이웃 소개

我唯一的最喜欢邻居是在我家楼下住的人，他是我的同事。
제가 가장 좋아하는 유일한 이웃은 제 아래층에 살고 있는 사람으로, 그는 제 동료입니다.

❷ 이웃의 특징 묘사

他头发染成黄色，显得比我更年轻。　그는 머리를 노란색으로 염색을 해서 저보다 훨씬 젊어 보입니다.

❸ 이웃과의 활동 설명

周末我们有时候出去喝酒，有时候一起打台球。
주말에 우리는 어떤 때는 술을 마시러 가고, 어떤 때는 당구를 칩니다.

2 집안일(롤플레이)

❶ 전화 표현

喂！姐，是我。今天请帮我一件事儿。　여보세요! 누나, 저예요. 오늘 일 하나만 도와주세요.

❷ 문제 해결

如果这次你帮我洗衣服，下个月每次都由我来洗衣服。
만약 이번에 저를 대신해서 빨래를 해 주면, 다음 달에는 매번 제가 빨래를 할게요.

要不，我请你吃你最喜欢的中国菜。拜托你了！
아니면, 제가 누나가 가장 좋아하는 중국 요리를 한턱낼게요. 부탁해요!

OPIc의 주제 중 이웃과 집안일에 대한 말하기에 유용한 단어입니다.

◆ 이웃

이웃의 일반적 소개

公寓 gōngyù 아파트 | 邻居 línjū 이웃 | 楼下 lóuxià 아래층 | 楼上 lóushàng 위층 | 关系 guānxi 관계 | 结识 jiéshí 사귀다, 친하다 | 机会 jīhuì 기회 | 热闹 rènao 번화하다, 시끄럽다 | 安静 ānjìng 조용하다 | 亲切 qīnqiè 친절하다

좋아하는 이웃 소개

新婚夫妇 xīnhūn fūfù 신혼부부 | 老两口儿 lǎoliǎngkǒur 노부부 | 隔壁 gébì 이웃집, 옆집 | 同事 tóngshì 동료 | 搬家 bānjiā 이사하다 | 染 rǎn 염색하다 | 害羞 hàixiū 부끄러워하다 | 年轻 niánqīng 젊다 | 有情有爱 yǒuqíng yǒuài 다정다감하다 | 帅 shuài 멋있다 | 可爱 kě'ài 귀엽다, 사랑스럽다 | 宽待 kuāndài 관대하다

이웃을 좋아하는 이유와 함께한 활동 소개

尊敬 zūnjìng 존경하다 | 帮助 bāngzhù 돕다 | 办事 bànshì 일을 처리하다 | 认真 rènzhēn 열심히 하다 | 打台球 dǎ táiqiú 당구를 치다 | 项目 xiàngmù 항목, 프로젝트 | 教 jiāo 가르치다 | 聊天儿 liáotiānr 이야기하다 | 打扫 dǎsǎo 청소하다 | 钓鱼 diàoyú 낚시하다 | 做菜 zuòcài 요리하다 | 邀请 yāoqǐng 초대하다, 초청하다

◆ 집안일

집안일의 종류

家务 jiāwù 집안일 | 洗衣服 xǐ yīfu 빨래하다 | 洗碗 xǐwǎn 설거지하다 | 垃圾桶 lājītǒng 쓰레기통 | 吸尘器 xīchénqì 진공청소기 | 洗衣机 xǐyījī 세탁기 | 扫帚 sàozhou 빗자루 | 撒 sǎ (물 등을) 뿌리다 | 鲜花 xiānhuā 꽃, 생화 | 窗户 chuānghu 창문 | 擦 cā 닦다, 문지르다 | 推迟 tuīchí 뒤로 미루다

집안일을 할 수 없는 이유 설명

报告 bàogào 보고서, 리포트 | 生病 shēngbìng 병이 나다, 아프다 | 感冒 gǎnmào 감기(에 걸리다) | 聚会 jùhuì 모임 | 考试 kǎoshì 시험(을 보다) | 准备 zhǔnbèi 준비하다 | 送 sòng 배웅하다 | 接 jiē 마중하다 | 加班 jiābān 초과근무하다 | 忙碌 mánglù 바쁘다 | 坏 huài 고장 나다 | 修 xiū 수리하다

상황 설명과 해결책 제시

拜托 bàituō 부탁하다 | 请客 qǐngkè 접대하다, 한턱내다 | 整理 zhěnglǐ 정리하다 | 分工 fēngōng 일을 분담하다 | 合作 hézuò 함께 일하다, 협력하다 | 收拾 shōushi 정돈하다, 거두다 | 互相 hùxiāng 서로 | 交替 jiāotì 교대로 하다 | 轮换 lúnhuàn 번갈아 하다 | 礼物 lǐwù 선물

01 几乎 거의

我的朋友几乎都是男的，邻居也是男的。

내 친구는 거의 모두가 남자인데, 이웃 또한 남자이다.

'几乎'는 '거의'라는 뜻으로, 일정 수량이나 정도에 상당히 근접함을 나타냅니다. '几乎'는 뒤에 '都', '全', '完全' 등과 호응하여 쓸 수 있고, 이와 비슷한 표현으로 '差不多'가 있습니다.

- 我们班的学生差不多都来了。 우리 반 학생은 거의 모두 왔다.
- 我几乎每天都要加班。 나는 거의 매일 초과근무를 해야 한다.
- 这次考试很简单，几乎都写了，一定会及格。
  이번 시험은 매우 간단해서 (답을) 거의 모두 썼다. 반드시 합격할 것이다.
- 我们公司几乎没有抽烟的人。 우리 회사에는 담배 피우는 사람이 거의 없다.

02 显得~ ~처럼 보이다

他头发染成黄色，显得比我更年轻。

그는 머리를 노란색으로 염색을 해서, 나보다 훨씬 젊어 보인다.

'显得'는 '~처럼 보이다', '~인 것 같다'라는 의미입니다. 어떤 상황이나 상태가 드러남을 표현하고, 뒤에는 주로 형용사나 비교를 나타내는 표현이 옵니다. '显'은 동사로서 '드러내다', '나타내다'라는 의미를 나타냅니다.

- 他突然显出了他自己的才能。 그는 갑자기 자신의 재능을 드러냈다.
- 那样会显得更有女人味儿。 그렇게 하는 것이 더욱 여성스러워 보일 것 같다.
- 他的样子显得非常天真。 그의 모습은 매우 순진하고 꾸밈이 없어 보인다.
- 烫不好会显得比妈妈还老气。 파마가 잘 안 되면 엄마보다 더욱 나이 들어 보일 것이다.

03 请帮我~   ~을 좀 도와주세요

请帮我洗一洗衣服。

나를 도와서 빨래 좀 해 줘.

'请帮我~'는 '~을 좀 도와주세요'라는 의미로, 다른 사람에게 부탁을 할 때 사용하는 정중한 표현입니다. '주어+帮+사람+동사'의 형태로 '(주어)가 (사람)을 도와서 (동사)하다'의 의미를 나타낼 수도 있습니다.

· 我来帮你开门。   제가 문을 열어 드릴게요.
· 请帮我拿一下儿行李。   짐 좀 들어 주세요.
· 请帮我买个数码相机。   디지털카메라 사는 것 좀 도와주세요.
· 你可以帮我们照相吗?   사진 좀 찍어 주실 수 있나요?

04 难得~   ~을 하기가 어렵다

最近工作太忙了，连周末也难得休息。

요즘 일이 너무 바빠서 주말에도 쉬기가 어렵다.

'难得'는 '~을 하기가 어렵다'라는 의미입니다. 무슨 일을 해내기가 쉽지 않을 때, 또는 어떤 일이나 상황이 자주 일어나기 어려울 때 사용하는 표현입니다.

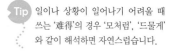 Tip 일이나 상황이 일어나기 어려울 때 쓰는 '难得'의 경우 '모처럼', '드물게'와 같이 해석하면 자연스럽습니다.

· 难得来一次中国，你应该好好儿玩玩儿。
  드물게 중국에 한 번 온 것이니, 너는 재미있게 잘 놀아야 한다.
· 像这样的好人难得一见。   이렇게 좋은 사람은 한 번 만나기도 어렵다.
· 她感冒这么厉害还来上班，真难得。   그녀는 감기가 이렇게 심한데 출근을 했다. 정말 쉽지 않은 일이다.
· 我难得请你们吃一次饭，你们随便点。
  제가 모처럼 당신들에게 식사를 대접하는 것이니, 마음대로 주문하세요.

다음 질문에 아래와 같이 자신의 상황에 맞게 생각을 제시하고 개요를 짠 후, 말해 보세요.

Q. 请说明一下你认识的邻居。请介绍一下你喜欢的邻居。

　　당신이 알고 지내는 이웃들에 대해 말해 보세요. 당신이 좋아하는 이웃들을 소개해 보세요.

생각 제시(Brainstorming)

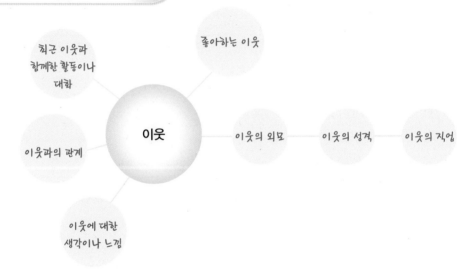

최근 이웃과 함께한 활동이나 대화

좋아하는 이웃

이웃과의 관계

이웃

이웃의 외모　이웃의 성격　이웃의 직업

이웃에 대한 생각이나 느낌

구도 잡기(Story Map)

도입(Intro)

이웃에 대한 전반적인 소개(포괄적) : _____

전개(Body)

좋아하는 이웃 소개(특정인) : _____

이웃에 대한 묘사(외모, 성격, 직업 등) : _____

마무리(Closing)

이웃에 대한 생각이나 느낌 : _____

1 다음 문장을 읽고 한글 단어를 중국어로 알맞게 써 보세요.

❶ 现在我住在公寓，当然有很多 <u>이웃</u>。 →

❷ 周末我们有时候出去喝酒，有时候一起 <u>당구치다</u>。 →

❸ 到今天晚上要把重要的 <u>보고서</u> 写完，请帮我洗一洗衣服吧。 →

❹ 下个月每次都由我来 <u>빨래하다</u>。 →

❺ 要不，我请你吃你最喜欢的中国菜。 <u>부탁하다</u> 你了！ →

2 다음 중국어 문장을 해석해 보세요.

❶ 他的样子显得非常天真。

❷ 我几乎每天都要加班。

❸ 我难得请你们吃一次饭，你们随便点。

❹ 请帮我买个数码相机。

❺ 她感冒这么厉害还来上班，真难得。

3 다음 한국어 문장을 중국어로 바꾸어 써 보세요.

❶ 요즘 일이 너무 바빠서 주말에도 쉬기가 어렵다.

❷ 내 친구는 거의 모두가 남자인데, 이웃 또한 남자이다.

❸ 나를 도와서 빨래 좀 해 줘.

❹ 그는 머리를 노란색으로 염색을 해서,
나보다 훨씬 젊어 보인다.

❺ 나를 도와서 짐 좀 들어 주세요.

다음 질문에 대해 개요를 작성해 보고, 실제 시험처럼 말해 보세요.  🅲🅳 42

Q. 对不起，请你解决一个问题。周末你打算做家务，但是你应该写完报告。你给家人打电话说明情况，然后建议解决的方法。

죄송합니다만, 문제를 해결해 주세요. 주말에 집안일을 하기로 되어 있는데 중요한 보고서를 써야만 합니다. 가족 중 한 명에게 전화해서 상황을 설명하세요. 그리고 이 문제를 해결할 수 있도록 해결책을 제시해 보세요.

Day 15

여가 활동 관련 주제

학습목표

① OPIC 주제 중 여가 활동 관련 주제를 공략합니다.

② 콘서트 관람에 관련된 단어를 익히고 과제를 수행합니다.

③ 게임에 관련된 단어를 익히고 과제를 수행합니다.

여가 활동 관련 주제

OPIc에서 여가 활동 관련 항목은 출제 확률과 빈도가 매우 높으므로, 말하기 유형과 문제 유형, 채점 영역에서 세부적인 공략이 필요합니다. 콘서트 관람과 관련하여 세부설명 및 묘사와 경험 말하기 유형을 활용하세요. 게임과 관련하여 소개와 세부설명, 경험 말하기 등을 활용하고 다양한 측면에서 콤보 유형에 대비하세요.

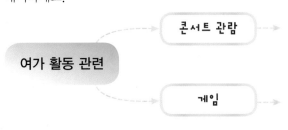

콘서트 관람
❶ 세부설명 및 묘사: 좋아하는 콘서트, 콘서트 관람 횟수, 좋아하는 뮤지션, 뮤지션의 특징, 콘서트 장소, 동행인 등
❷ 콘서트 관람의 이유 및 감상

여가 활동 관련

게임
❶ 소개: 게임의 종류, 게임 이름 등
❷ 세부설명: 게임의 규칙, 게임 방법 등
❸ 게임의 결과, 게임에 대한 의견 및 느낌

응답 길잡이

1 콘서트 관람

❶ 콘서트 관람에 대해 세부설명 및 묘사

我一般一年去听三、四场，一般跟朋友一起去。
보통 1년에 서너 번, 친구와 함께 갑니다. [콘서트 관람의 횟수, 동행인]
一有"雨"的演唱会，我就去。 '비'의 콘서트라면 저는 바로 갑니다. [좋아하는 콘서트]

❷ 콘서트 관람의 이유 및 감상

他的演唱会气氛很好，表演得太精彩，贵是贵，但我不得不去看他的演唱会。
그의 콘서트는 분위기도 좋고, 공연도 훌륭합니다. 비싸기는 하지만 어쩔 수 없이 그의 콘서트를 갑니다.

2 게임

❶ 게임 소개

最喜欢玩儿的是《黑暗破坏神》，我迷上了这个游戏。
가장 좋아하는 게임은 〈디아블로〉였는데, 저는 이 게임에 빠졌습니다.

❷ 게임의 결과

我对电脑游戏上瘾了很长时间，身体越来越不好了，终于住院了。
저는 오랜 시간 동안 게임에 중독되었고, 몸은 점점 나빠져서 결국 병원에 입원하게 되었습니다.

OPIc중국어 표현공략

OPIc의 주제 중 콘서트 관람과 게임에 대한 말하기에 유용한 단어입니다.

◆ 콘서트 관람

콘서트 관람 횟수와 콘서트 장소

演唱会 yǎnchànghuì 콘서트 | 现场 xiànchǎng 현장, 라이브 | 流行歌曲 liúxíng gēqǔ 유행하는 음악 | 摇滚音乐会 yáogǔn yīnyuèhuì 락 콘서트 | 奥运会体育场 àoyùnhuì tǐyùchǎng 올림픽경기장 | 一般 yìbān 보통, 일반적으로 | 一年 yì nián 1년 | 四场 sì chǎng 4회 | 常 cháng 자주 | 偶尔 ǒu'ěr 가끔 | 小音乐厅 xiǎoyīnyuètīng 소극장 | 戏曲家 xìqǔjiā 오페라하우스 | 礼堂 lǐtáng 강당

콘서트 관람의 동행인

朋友 péngyou 친구 | 同事 tóngshì 동료 | 家人 jiārén 가족 | 爱人 àiren 아내, 남편[배우자를 가리킴] | 丈夫 zhàngfu 남편 | 妻子 qīzi 아내 | 同屋 tóngwū 룸메이트 | 一个人 yí ge rén 한 명, 혼자 | 自己 zìjǐ 스스로, 혼자 | 陪 péi 동반하다 | 带 dài 데리고 가다 | 抽时间 chōu shíjiān 시간을 내다

콘서트 관람의 이유와 느낌

歌手 gēshǒu 가수 | 精彩 jīngcǎi 훌륭하다 | 气氛 qìfēn 분위기 | 实力派 shílìpài 실력파 | 跳舞 tiàowǔ 춤을 추다 | 拍手 pāishǒu 박수를 치다 | 感动 gǎndòng 감동하다 | 表演 biǎoyǎn 공연하다 | 有名 yǒumíng 유명하다 | 兴奋 xīngfèn 흥분하다, 설레다 | 礼貌 lǐmào 예의 | 天才 tiāncái 천재적이다

◆ 게임

게임에 대한 경험 소개

电脑游戏 diànnǎo yóuxì 컴퓨터게임 | 在线游戏 zàixiàn yóuxì 온라인 게임 | 通宵 tōngxiāo 밤새도록 | 腿麻 tuǐ má 다리가 저리다 | 住院 zhùyuàn 입원하다 | 走步了 zǒu bùliǎo 걸을 수 없다 | 打工 dǎgōng 아르바이트하다 | 挑战 tiǎozhàn 도전하다 | 成功 chénggōng 성공하다 | 练习 liànxí 연습하다

게임의 종류와 경험에 대한 세부설명

黑暗破坏神 hēi'àn pòhuài shén 디아블로[게임 이름] | 星际争霸 xīngjì zhēngbà 스타크래프트 | 下载 xiàzǎi 다운로드하다 | 上传 shàngchuán 업로드하다 | 棋类游戏 qīlèi yóuxì 체스 게임 | 纸牌游戏 zhǐpái yóuxì 카드 게임 | 足球 zúqiú 축구 | 高尔夫球 gāo'ěrfūqiú 골프 | 故意 gùyì 일부러, 고의로 | 比赛 bǐsài 시합, 경기 | 得到 dédào 얻다

게임의 결과와 게임에 대한 느낌

赢 yíng 이기다 | 输 shū 지다 | 有意思 yǒuyìsi 재미있다 | 上瘾 shàngyǐn 중독되다 | 摔倒 shuāidǎo 넘어지다 | 健康 jiànkāng 건강하다 | 迷 mí ~에 빠지다 | 无聊 wúliáo 지루하다, 무료하다 | 骗 piàn 속이다 | 讨厌 tǎoyàn 싫다, 밉살스럽다, 혐오스럽다 | 荒唐 huāngtáng 황당하다

---

01 懒得 ~하기 귀찮다

最近工作忙得不得了，懒得去听演唱会。

요즘은 일이 너무 바빠서 콘서트에 가기가 귀찮다.

'懒'은 '게으르다'라는 의미로, '懒得'는 '~을 하기 귀찮다', '~을 하고 싶지 않다', '~을 하기 싫다'라는 뜻을 나타냅니다. 비슷한 표현으로는 '不愿意'가 있습니다.

- 你要是不愿意去，就别去了。   네가 만약 가고 싶지 않으면 가지 마.
- 我父母去旅行了，我一个人懒得吃饭。   부모님이 여행을 가셔서 나 혼자 밥을 먹기 싫다.
- 这几天太累了，我真懒得起床。   요 며칠 너무 피곤해서 나는 정말 일어나기 싫다.
- 这么冷的天气，我懒得出去。   이렇게 추운 날씨에는 정말 외출하기 싫다.

02 不得不 어쩔 수 없이

他的演唱会表演得太精彩，贵是贵，但我不得不去听他的演唱会。그의 콘서트는 훌륭해서 비싸기는 하지만 어쩔 수 없이 그의 콘서트를 보러 간다.

'不得不'는 '어쩔 수 없이', '부득이하게'라는 의미로 별다른 방법이 없는 경우에 주로 사용합니다. 비슷한 표현으로는 부사 '只好'가 있습니다.

- 突然下大雨了，我们只好不去长城了。
  갑자기 비가 많이 내려서 우리는 어쩔 수 없이 만리장성에 갈 수 없게 되었다.
- 末班车已经走了，他们不得不打车回家。
  막차가 이미 떠나서 그들은 어쩔 수 없이 택시를 타고 집으로 돌아간다.
- 钥匙丢了，不得不在门口等妈妈回来。
  열쇠를 잃어버려서 어쩔 수 없이 문 앞에서 엄마가 오기를 기다린다.
- 我感冒得很严重，不得不请假休息了。   나는 감기가 너무 심해서 어쩔 수 없이 휴가를 내고 쉬었다.

03 甚至~也(都/还)　심지어 ~까지도

我每天玩游戏，甚至晚上也不睡觉。
나는 매일 게임을 했다. 심지어 저녁에 잠을 안 잘 정도였다.

'甚至'는 '심지어 ~까지도'라는 의미를 나타냅니다. 'A, 甚至+B'의 형식으로 쓰여 A의 정도보다 확장되어 B가 되었음을 의미합니다. '甚至于'로 표현하기도 합니다.

- 甚至于星期天我爱人还要去上班。　심지어 일요일에도 내 아내는 출근을 해야 한다.
- 这么简单的题甚至小学生都会。　이렇게 간단한 문제는 심지어 초등학생도 풀 수 있다.
- 他甚至连妈妈也认不出来。　그는 심지어 엄마까지도 알아보지 못했다.
- 他比我大，甚至比我哥哥还大。　그는 나보다 나이가 많다. 심지어 우리 오빠보다도 나이가 많다.

04 差点儿　하마터면 ~할 뻔하다

我想去洗手间，站起来的时候差点儿摔倒了。
나는 화장실에 가고 싶어서 일어날 때 하마터면 넘어질 뻔했다.

'差点儿'은 '하마터면 ~할 뻔하다'라는 의미로, 원하지 않던 일이 발생하지 않았을 경우에 '그렇게 되지 않아 다행이다'라는 안도를 나타냅니다. 같은 의미로 '差点儿没'로 표현할 수도 있습니다.

- 我的书差点儿没丢。[= 我的书差点儿丢了。] 내 책을 잃어버릴 뻔했다.
- 我今天起得太晚，差点儿迟到了。　나는 오늘 너무 늦게 일어나서 하마터면 지각할 뻔했다.
- 我差点儿错过这个好机会。　나는 하마터면 이 좋은 기회를 놓칠 뻔했다.
- 我差点儿忘了带雨伞。　나는 하마터면 우산 가져가는 것을 잊을 뻔했다.

다음 질문에 아래와 같이 자신의 상황에 맞게 생각을 제시하고 개요를 짠 후, 말해 보세요. **44**

Q. 调查中表明你喜欢去听演唱会。你常去几场？常去的演唱会场在哪儿？什么时候去？
常常跟谁去？请详细讲一讲。

당신은 조사에서 콘서트에 가는 것을 좋아한다고 했습니다. 콘서트는 얼마나 자주 가나요? 자주 가는 콘서트 공연
장은 어디인가요? 언제, 주로 누구와 함께 가나요? 자세히 말해 보세요.

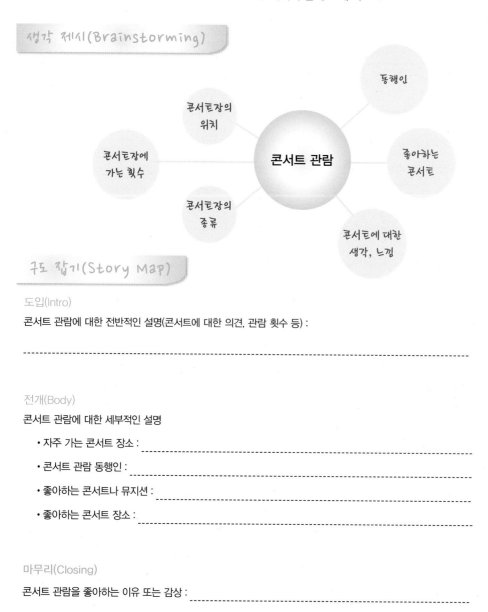

생각 제시(Brainstorming)

- 동행인
- 콘서트장의 위치
- 콘서트장에 가는 횟수
- **콘서트 관람**
- 좋아하는 콘서트
- 콘서트장의 종류
- 콘서트에 대한 생각, 느낌

구도 잡기(Story Map)

도입(Intro)

콘서트 관람에 대한 전반적인 설명(콘서트에 대한 의견, 관람 횟수 등) :

전개(Body)

콘서트 관람에 대한 세부적인 설명

- 자주 가는 콘서트 장소 : --
- 콘서트 관람 동행인 : ---
- 좋아하는 콘서트나 뮤지션 : ---------------------------------------
- 좋아하는 콘서트 장소 : --

마무리(Closing)

콘서트 관람을 좋아하는 이유 또는 감상 : ----------------------------------

1 다음 문장을 읽고 한글 단어를 중국어로 알맞게 써 보세요.

❶ 常去 <u>올림픽경기장</u> 听演唱会，因为常在那儿演。 →

❷ 他的演唱会 <u>분위기</u> 很好，表演得太 <u>훌륭하다</u>。 →

❸ 有一段时间在制作 <u>컴퓨터게임</u> 的公司里打工。 →

❹ 我对电脑游戏 <u>중독되다</u> 了很长时间。 →

❺ 因为很长时间坐着，所以腿麻了，<u>걸을 수 없다</u> 路。 →

2 다음 중국어 문장을 해석해 보세요.

❶ 这么简单的题甚至小学生都会。

❷ 我差点儿错过这个好机会。

❸ 这么冷的天气，我懒得出去。

❹ 末班车已经走了，他们不得不打车回家。

❺ 我差点儿忘了带雨伞。

3 다음 한국어 문장을 중국어로 바꾸어 써 보세요.

❶ 요즘은 일이 너무 바빠서 콘서트에 가기가 귀찮다.

❷ 그의 콘서트는 훌륭해서 비싸기는 하지만
   나는 어쩔 수 없이 그의 콘서트를 보러 간다.

❸ 나는 화장실에 가고 싶어서 일어날 때
   하마터면 넘어질 뻔했다.

❹ 나는 매일 게임을 했다.
   심지어 저녁에 잠을 안 잘 정도였다.

❺ 나는 감기가 너무 심해서 어쩔 수 없이
   휴가를 내고 쉬었다.

다음 질문에 대해 개요를 작성해 보고, 실제 시험처럼 말해 보세요. **CD 45**

Q. 请讲一讲你最难忘或最有意思的游戏经历。那时候玩儿什么样的游戏？发生了什么事情？请详细讲一讲那个游戏为什么最难忘或最有意思。

잊을 수 없거나 재미있었던 게임에 대한 경험을 말해 보세요. 그때 어떤 게임을 했나요? 어떤 일이 있었나요?
왜 그 게임이 기억에 남거나 재미있었는지 그 경험에 대해 자세히 말해 보세요.

Day 16

취미 활동 관련 주제

학습목표

① OPIc 주제 중 취미 활동 관련 주제를 공략합니다.

② 취미 활동 중 애완동물 기르기에 관련된 단어를 익히고 과제를 수행합니다.

③ 헬스에 관련된 단어를 익히고 롤플레이 유형의 과제를 수행합니다.

취미 활동 관련 주제

OPIc의 조사 중 취미 활동 분야에서는 최소 하나의 항목을 선택해야 합니다. 애완동물과 관련한 응답은 소개나 경험 말하기의 유형을 활용하세요. 또한 애완동물에 대한 사회적 이슈에 대해 설명하고 대안을 제시할 수 있어야 합니다. 헬스와 관련하여 묘사 및 설명, 다른 운동과의 비교 등의 유형을 활용하고, 특히 문제 유형 중 롤플레이에 대비하세요.

취미 활동

애완동물 기르기
❶ 소개: 길러 본 애완동물 종류, 좋아하는 애완동물 등
❷ 경험 말하기: 애완동물과 관련하여 기억에 남는 경험 설명
❸ 세부설명: 애완동물에 대한 사회적인 이슈 설명 및 대안 제시

헬스
❶ 묘사: 헬스클럽, 헬스 시설 및 장비 등
❷ 설명: 헬스의 장점, 헬스 후의 느낌이나 의견 등
❸ 비교와 대조: 헬스와 다른 운동의 비교나 대조
❹ 롤플레이 출제 대비: 헬스클럽의 등록 취소 상황 전화 역할극 준비, 해결책 제시의 표현 연습

응답 길잡이

1 애완동물 기르기

❶ 소개하기(길러 본 애완동물, 좋아하는 애완동물 등)

我往往在家养宠物，就是小猫。 저희 집은 늘 애완동물을 키웠는데, 바로 고양이입니다.
从小时候开始，我就非常喜欢小猫。 어렸을 때부터, 저는 고양이를 좋아했습니다.

❷ 경험 말하기

6个月以前，我的小猫病得很厉害，那时候它住院住了很长时间，我真的非常担心。
6개월 전에 저의 고양이가 심하게 아팠는데, 그때 오랜 시간 동안 입원을 했습니다. 저는 정말 많이 걱정을 했습니다.
养宠物，当然有很多要做的事儿，一直要照顾它们。
애완동물을 기르는 것은 당연히 해야만 하는 일이 많습니다. 계속 그들을 돌봐야 합니다.

2 헬스(롤플레이 유형 대비)

❶ 헬스클럽 등록 취소의 상황, 전화 역할극

我是上个星期五加入健身房的会员，发生了点儿急事儿。
저는 지난주 금요일에 헬스클럽의 회원으로 등록했었는데, 급한 일이 생겼습니다.

我这个星期五就要去印度出差了，我一个月不能运动了。
저는 이번 주 금요일에 인도로 출장을 가야 해서, 한 달 동안 운동을 할 수가 없습니다.

❷ 해결책 제시

我能把会员登记推迟到下个月吗？ 제가 회원 등록을 다음 달로 연기할 수 있나요？
可不可以把会员证转让给朋友？ 회원증을 친구에게 양도해도 되나요？

OPIc중국어 표현공략

OPIc의 주제 중 애완동물 기르기와 헬스에 대한 말하기에 유용한 단어입니다.

◆ 애완동물 기르기

애완동물의 종류, 양육 계기 및 시기

养 yǎng 기르다, 키우다 | 宠物 chǒngwù 애완동물 | 小猫 xiǎomāo 고양이 | 小狗 xiǎogǒu 강아지 | 兔子 tùzi 토끼 | 仓鼠 cāngshǔ 햄스터 | 龟 guī 거북이 | 鹦鹉 yīngwǔ 앵무새 | 小时候 xiǎoshíhou 어렸을 때 | 大学 dàxué 대학교 | 孤独 gūdú 고독하다 | 寂寞 jìmò 쓸쓸하다 | 发生 fāshēng 발생하다 | 照顾 zhàogù 돌보다 | 寄托 jìtuō 기탁하다, 의탁하다

애완동물과 관련하여 기억에 남는 경험

事情 shìqing 사건, 일 | 乱 luàn 어지럽다, 무질서하다 | 住院 zhùyuàn 입원하다 | 担心 dānxīn 걱정하다 | 打扫 dǎsǎo 청소하다 | 散步 sànbù 산책하다 | 培训 péixùn 훈련하다 | 受伤 shòushāng 다치다, 상처 입다 | 洗澡 xǐzǎo 목욕하다 | 丢 diū 잃어버리다 | 帮助 bāngzhù 돕다 | 郁闷 yùmèn 우울하다 | 叫醒 jiàoxǐng 깨우다 | 玩耍 wánshuǎ 장난치다

애완동물에 대한 의견과 느낌

充满 chōngmǎn 가득하다 | 陪伴 péibàn 동반하다 | 心灵 xīnlíng 영혼, 마음 | 给予 jǐyǔ 주다 | 快乐 kuàilè 즐겁다 | 关心 guānxīn 관심 | 担负 dānfù 부담하다 | 任务 rènwu 임무 | 随时 suíshí 아무 때나, 수시로 | 生机 shēngjī 활력, 활기 | 责任心 zérènxīn 책임감

◆ 헬스

헬스 및 헬스클럽 관련 단어

健身房 jiànshēnfáng 헬스클럽 | 登记 dēngjì 등록하다 | 平时 píngshí 평소 | 锻炼 duànliàn 단련하다 | 运动服 yùndòngfú 운동복 | 洗浴用品 xǐyù yòngpǐn 목욕 용품 | 毛巾 máojīn 수건 | 跑步机 pǎobùjī 러닝머신 | 桑拿 sāngná 사우나

상황 설명(헬스클럽 등록 취소)

交通事故 jiāotōng shìgù 교통사고 | 动手术 dòng shǒushù 수술을 하다 | 取消 qǔxiāo 취소하다 | 出差 chūchāi 출장 가다 | 派 pài 파견하다 | 搬 bān 움직이다, 이동하다 | 公司 gōngsī 회사 | 马上 mǎshàng 곧, 즉시 | 效果 xiàoguǒ 효과 | 苗条 miáotiao 날씬하다 | 肌肉 jīròu 근육 | 消耗 xiāohào 소비하다

문제 해결(헬스클럽 등록 취소)

会员证 huìyuánzhèng 회원증 | 推迟 tuīchí 연기하다 | 下个月 xià ge yuè 다음 달 | 明年 míngnián 내년 | 转 zhuǎn 전하다 | 退钱 tuìqián 환불하다 | 一部分 yíbùfen 일부분 | 要不然 yàoburán 그렇지 않으면 | 麻烦 máfan 폐를 끼치다, 번거롭게 하다 | 别的 biéde 다른 것 | 分公司 fēngōngsī 지점 | 商量 shāngliang 상의하다 | 解决 jiějué 해결하다 | 办法 bànfǎ 방법 | 主意 zhǔyi 생각, 의견

01 往往 늘, 항상

我往往在家养宠物，就是小猫。

우리 집은 늘 애완동물을 키웠는데, 바로 고양이이다.

'往往'은 '늘', '항상'의 의미로, 과거의 경험에서 자주 일어났던 일을 수식합니다. 주관적인 바람에는 사용할 수 없고 주로 객관적인 사실과 함께 쓰며, 일반적으로 과거와 현재의 일에 사용합니다. 비슷한 표현으로 '常常'이 있는데 객관적 사실과 주관적 바람에 모두 쓸 수 있고, 일반적으로 현재와 미래에 사용합니다.

- 常常来玩儿吧。 자주 놀러 와.
- 他往往一个人上街。 그는 자주 혼자서 거리에 나간다.
- 好事往往变成坏事。 좋은 일이 때때로 나쁜 일로 변하기도 한다.
- 她往往学习到深夜。 그녀는 자주 밤늦게까지 공부한다.

02 并 [부정의 어기 강조]

其实养宠物，并不是宠物单方面给我们带来快乐。

사실 애완동물을 키우는 것은 결코 우리에게 일방적으로 즐거움을 주는 것은 아니다.

'并'은 부정사 앞에서 부정의 어기를 강조하는 역할을 합니다. 이때 약간의 반박의 의미를 내포하기도 합니다. 그리고 '并'은 '그리고', '또', '아울러'와 같은 의미를 나타내는 순접 접속사로 쓰이기도 합니다.

- 昨天他来看我，并告诉我他要结婚的消息。
  어제 그가 나를 보러 왔다가, 아울러 그가 결혼한다는 소식을 알려 주었다.
- 你想错了，他并不知道这件事。 네가 잘못 생각한 거야. 그는 절대 이 일을 몰라.
- 学习的时间并不长，可是他汉语说得很流利。
  공부한 시간은 결코 길지 않지만, 그는 중국어가 매우 유창하다.
- 我并没跟他说过话，但是我爱他。 나는 결코 그에게 말을 한 적은 없지만, 그를 사랑한다.

03 要~了   곧 ~하다[상황의 임박을 나타냄]

我要去印度出差了。

나는 곧 인도로 출장을 간다.

'要~了'는 '곧 ~하다'라는 의미로 상황이 변화하려고 할 때, 혹은 새로운 상황이 발생하려고 할 때 쓰는 표현입니다. 비슷한 표현으로 '快要~了', '就要~了'가 있습니다. '要~了'와 '就要~了'의 경우, 앞에 '明天, 星期五……'와 같은 시간부사를 쓸 수 있지만, '快要~了' 앞에는 시간부사를 쓸 수 없습니다.

· 我快要去印度出差了。   나는 곧 인도로 출장을 간다.
· 我这个星期五就要去印度出差了。   나는 이번 주 금요일에 인도로 출장을 간다.
· 要下雨了，你们快点儿出发。   곧 비가 올 것 같으니까 너희는 빨리 출발해라.
· 快要到北京大学了，请准备下车。   곧 베이징대학교에 도착합니다. 내릴 준비하세요.
· 明天就要考试了，你还在看电视吗？   내일이 바로 시험인데, 아직도 텔레비전을 보고 있니?

04 能，可以   ~을 할 수 있다[능력, 가능성을 나타냄]

我能把会员登记推迟到下个月吗？

제가 회원 등록을 다음 달로 연기할 수 있나요?

조동사 '能'과 '可以'는 '~을 할 수 있다'라는 뜻으로, 능력이나 가능성을 나타냅니다. 이때의 '可以'는 부정형을 '不能'을 써야 합니다. 한편, '能'과 '可以'는 '~해도 된다'라는 의미로 허가를 나타낼 때 쓰이기도 합니다.

· 这儿可以抽烟吗？   이곳에서 담배를 피워도 되나요? [허가]
· 我可以爱你吗？   제가 당신을 사랑해도 되나요? [허가]
· 我腿疼，不能走路。   나는 다리가 아파서 걸을 수가 없다. [능력]
· 你可以告诉我他的电话号码吗？   너 나에게 그의 전화번호를 알려 줄 수 있니? [가능성]

다음 질문에 아래와 같이 자신의 상황에 맞게 생각을 제시하고 개요를 짠 후, 말해 보세요.

Q. 你从什么时候开始养宠物的？为什么开始养的？请讲一讲最难忘的养宠物的经历或困惑。

당신은 애완동물을 언제부터 기르기 시작했나요? 왜 (애완동물을) 기르기 시작했나요? 애완동물을 기른 경험이나 어려웠던 점을 자세하게 말해 보세요.

생각 제시(Brainstorming)

- 애완동물에 대한 생각이나 느낌
- 좋아하는 애완동물
- 애완동물
- 길러 본 애완동물
- 애완동물에 대한 특별한 기억이나 경험
- 애완동물을 기르게 된 계기

구도 잡기(Story Map)

도입(Intro)
애완동물을 기른 경험, 기르게 된 계기와 시기 :

전개(Body)
애완동물에 대한 특별한 경험이나 기억(아팠던 때, 귀찮았던 때, 즐거웠던 때 등) :

마무리(Closing)
애완동물에 대한 생각이나 느낌 :

----

1 다음 문장을 읽고 한글 단어를 중국어로 알맞게 써 보세요.

❶ 从 <u>어렸을 때</u> 开始，我就非常喜欢小猫。　→

❷ 养 <u>애완동물</u>，当然有很多要做的事儿。　→

❸ 我是上个星期五加入 <u>헬스클럽</u> 的会员，发生了点儿急事儿。 →

❹ <u>그렇지 않으면</u>，可不可以把 <u>회원증</u> 转让给朋友？　→

❺ 如果这样也不可以的话，可以 <u>환불하다</u> 吗？　→

2 다음 중국어 문장을 해석해 보세요.

❶ 明天就要考试了，你还在看电视吗？

❷ 她往往学习到深夜。

❸ 我腿疼，不能走路。

❹ 学习的时间并不长，可是他汉语说得很流利。

❺ 我可以爱你吗？

3 다음 한국어 문장을 중국어로 바꾸어 써 보세요.

❶ 우리 집은 늘 애완동물을 키웠는데, 바로 고양이이다.

❷ 나는 곧 인도로 출장을 간다.

❸ 사실 애완동물을 키우는 것은 결코 우리에게 일방적으로 즐거움을 주는 것은 아니다.

❹ 제가 회원 등록을 다음 달로 연기할 수 있나요?

❺ 곧 베이징대학교에 도착합니다. 내릴 준비하세요.

다음 질문에 대해 개요를 작성해 보고, 실제 시험처럼 말해 보세요. CD 48

Q. 对不起，请你解决一个问题。上个星期你登记了健身房的会员。发生了急事儿，你要取消登记会员。请给健身房打电话说明情况，然后建议解决的方法。

죄송합니다만, 문제를 해결해 주세요. 지난주에 당신은 헬스클럽을 등록했는데, 급한 일 때문에 회원 등록을 취소해야 합니다. 헬스클럽에 전화를 걸어 상황을 설명한 후, 이 문제를 해결할 수 있는 해결책을 몇 가지 제시하세요.

Day 17

고득점을 위한 최신경향 주제1

학습목표

① OPIc의 고득점을 위해 최신경향 주제를 공략합니다.

② 외국어와 관련된 단어를 익히고 과제를 수행합니다.

③ 쇼핑과 관련된 단어를 익히고 과제를 수행합니다.

Day17 고득점을 위한 최신경향 주제 1 외국어/쇼핑

🔖최신경향 주제

New OPIc이 도입되면서 새롭게 돌발 문제로 자주 출제되고 있는 항목으로 '외국어'와 '쇼핑'이 있습니다. 외국어와 관련하여 관심 외국어 종류, 학습 과정, 활용 경험 등의 과제에 대비하세요. 쇼핑과 관련하여 쇼핑 장소 묘사, 물건 구입 과정, 최근 쇼핑 경험 등의 과제에 대비하고 세부적인 질문에도 답할 수 있도록 다양한 에피소드를 준비하세요.

최신경향 1

외국어 → 다양한 과제(질문)에 대비: 관심 있는 외국어의 종류, 학습 과정, 외국어를 배운 경험, 외국어를 활용한 경험 등

쇼핑 → 다양한 과제(질문)에 대비: 자주 쇼핑을 하는 장소, 자주 구매하는 물품의 세부설명, 물건 구입 과정, 최근 쇼핑 경험 등

🔖응답 길잡이

1 외국어

❶ 외국어에 대한 개론(자신이 할 수 있는 외국어, 배운 적 있는 외국어 등)

我会说汉语。最近我正在补习班学英语呢。
저는 중국어를 말할 줄 압니다. 최근에 저는 학원에서 영어를 배우고 있습니다.

❷ 외국어 학습 과정 및 학습 경험 설명

我学英语学了5多个月了。　저는 영어를 5개월째 배우고 있습니다.
最近周末请了一位外国英语老师教我们。　요즘 주말에 외국인 영어 선생님께 영어를 배우고 있습니다.

2 쇼핑

❶ 쇼핑에 대한 개론(쇼핑에 대한 생각, 쇼핑 장소 등의 세부설명)

不管是逛商场，还是网上购物，我都喜欢。　상점을 돌아다니는 것이든 인터넷 쇼핑이든 다 좋아합니다.
需要食品饮料的时候，在我家附近的超市买，买衣服的时候，常在江南或明洞买。
식료품이 필요할 때는 집 근처의 슈퍼에서 사고, 옷을 살 때는 강남이나 명동에서 자주 삽니다.

❷ 최근 쇼핑 경험 설명

上个周末听到了百货商店在大减价，我跟妹妹去购物了。
지난 주말에 백화점에서 세일을 한다는 것을 듣고, 여동생과 쇼핑하러 갔습니다.

OPIc의 주제 중 외국어와 쇼핑에 대한 말하기에 유용한 단어입니다.

◆ 외국어

관심 있는 외국어 소개

外语 wàiyǔ 외국어 | 英语 Yīngyǔ 영어 | 汉语 Hànyǔ 중국어 | 法语 Fǎyǔ 프랑스어 | 西班牙语 Xībānyáyǔ 스페인어 | 补习班 bǔxíbān 학원 | 辅导 fǔdǎo 과외, 개인 지도 | 外国朋友 wàiguó péngyou 외국 친구 | 视频讲座 shìpín jiǎngzuò 동영상 강의 | 练习 liànxí 연습하다

외국어 학습 시기와 학습 이유

最近 zuìjìn 최근 | 近来 jìnlái 요즘, 근래 | 明年 míngnián 내년 | 留学 liúxué 유학하다 | 旅行 lǚxíng 여행하다 | 自助旅游 zìzhù lǚyóu 배낭여행 | 打算 dǎsuan ~할 계획이다 | 帮助 bāngzhù 돕다 | 建议 jiànyì 건의하다 | 准备 zhǔnbèi 준비하다 | 面试 miànshì 면접시험 | 就业 jiùyè 취업

외국어 학습 내용과 느낌

发音 fāyīn 발음 | 语法 yǔfǎ 어법 | 词语 cíyǔ 단어 | 希望 xīwàng 희망하다, ~하기를 바라다 | 提高 tígāo 향상되다 | 担心 dānxīn 걱정하다 | 认真 rènzhēn 성실하다, 열심히 하다 | 理解 lǐjiě 이해하다 | 兴趣 xìngqù 흥미, 재미 | 努力 nǔlì 노력하다 | 得到 dédào 얻다

◆ 쇼핑

쇼핑 장소와 시기

购物 gòuwù 쇼핑하다, 물건을 구매하다 | 商店 shāngdiàn 상점 | 百货商店 bǎihuò shāngdiàn 백화점 | 超市 chāoshì 대형마트, 슈퍼 | 网上购物 wǎngshàng gòuwù 인터넷 쇼핑 | 购物中心 gòuwù zhōngxīn 쇼핑센터 | 生日晚会 shēngrì wǎnhuì 생일 파티 | 圣诞节 Shèngdànjié 성탄절 | 江南 Jiāngnán 강남 | 明洞 Míngdòng 명동

쇼핑 시간대와 쇼핑 목적

大减价 dàjiǎnjià 할인판매하다 | 礼物 lǐwù 선물 | 三次 sān cì 세 번 | 每天 měitiān 매일 | 压力 yālì 스트레스 | 便宜 piányi 가격이 저렴하다 | 脑子 nǎozi 머리 | 乱 luàn 혼란하다, 복잡하다 | 热情 rèqíng 친절하다 | 漂亮 piàoliang 예쁘다 | 工资 gōngzī 급여 | 赚钱 zhuànqián 돈을 벌다 | 名牌货 míngpáihuò 명품

구매 상품과 느낌

食品饮料 shípǐn yǐnliào 식료품 | 衣服 yīfu 옷 | 大衣 dàyī 외투 | 牛仔裤 niúzǎikù 청바지 | 运动鞋 yùndòngxié 운동화 | 皮鞋 píxié 구두 | 帽子 màozi 모자 | 裙子 qúnzi 치마 | 化妆品 huàzhuāngpǐn 화장품 | 手机 shǒujī 휴대전화 | 电脑 diànnǎo 컴퓨터 | 冲动 chōngdòng 충동적이다 | 避免 bìmiǎn 피하다 | 满意 mǎnyì 만족하다 | 轻松 qīngsōng 편안하다

01 正在 [동작의 진행을 나타냄]

最近我正在补习班学英语呢。

최근에 나는 학원에서 영어를 배우고 있다.

'正在'는 '正在+동사+(呢)'의 형식으로 쓰여 동작이 진행 중임을 나타냅니다. '正在'는 '正', '在'로만 쓰기도 하고, 부정형은 '没有(在)+동사'의 형식으로 씁니다.

- 最近我没有在学英语。　요즘에 나는 영어를 배우고 있지 않다.
- 昨天我去他家的时候，他在吃饭。　어제 내가 그의 집에 갔을 때, 그는 식사를 하고 있었다.
- 要是你明天晚上去他家，他一定正在工作。
  만약에 네가 내일 저녁에 그의 집에 간다면, 그는 분명히 일하는 중일 것이다.
- 我没有看书，在睡午觉呢。　나는 책을 보고 있는 것이 아니라, 낮잠을 자고 있었다.

02 ～是～，但是… ～이긴 하지만 …하다

学英语难是难，但是越来越有意思。

영어를 배우는 것이 어렵기는 하지만, 점점 재미있다.

'～是～，但是…'구문은 '～이긴 ～이지만 …하다'라는 의미로, 어떤 사실을 먼저 긍정한 후 바로 어기를 전환하여 핵심적인 의미를 나타낼 때 사용하는 표현입니다. '但是' 대신 '不过'를 사용하기도 합니다.

- 想买是想买，不过没有钱。　사고 싶기는 한데 돈이 없다.
- 中国菜好吃是好吃，但是有点儿腻。　중국 요리는 맛있기는 맛있는데, 조금 느끼하다.
- 这种牌子的手机好是好，不过太贵了。　이 브랜드의 휴대전화는 좋기는 한데, 너무 비싸다.
- 努力是努力，可是我最近一直退步。　노력하기는 하는데, 나는 요즘 계속 뒤처진다.

03 偏偏   [남의 요구·행동에 상반되는 행동을 할 때 쓰는 표현]

我要白色的, 妹妹偏偏让我买黑色的。

나는 흰색을 원했지만, 여동생은 기어코 검은색을 사게 했다.

'偏偏'은 남의 요구나 행동에 상반되게 행동을 할 때 쓰는 표현입니다. 문맥에 따라 '기어코', '굳이' 등 다양하게 해석될 수 있습니다. 이외에도 '偏偏'은 '공교롭게도', '하필'의 의미로 상황이 기대와 어긋난 경우에도 쓸 수 있고, '仅仅', '只有'와 같이 '단지', '유독'의 의미로 쓰여 대상의 범위를 제한하는 부사로 쓰기도 합니다.

· 同学们都在认真地学习, 偏偏他一个人在打盹儿。
학생들은 모두 열심히 공부하는데, 유독 그 혼자만 졸고 있다.

· 我今天没带雨伞, 偏偏下雨了。   나는 오늘 우산을 안 가져왔는데 하필이면 비가 왔다.

· 我学习了第二课, 但是老师偏偏考了第三课。   나는 2과를 공부했는데, 선생님은 하필 3과를 테스트했다.

· 妈妈偏偏不让我做这件事。   엄마는 기어코 내가 이 일을 못하게 했다.

04 除了~以外, 还…   ~이외에 …도

上个周末除了大衣以外, 我还买了一条牛仔裤。

지난 주말에 외투 외에도 나는 청바지 한 장을 샀다.

'除了A以外, 还B'는 'A이외에 B도'라는 의미로, 동작은 A와 B를 모두 포함합니다. 이때 '还' 대신 '也'와 호응할 수도 있습니다. 반면, '除了A以外, 都B'는 'A를 제외하고 B 모두'라는 의미로, 동작은 A는 포함하지 않고 B만 포함합니다.

· 除了他以外, 大家都来了。   그 사람을 제외하고, 모두 다 왔다.

· 除了爱情片以外, 你还喜欢看什么电影?   멜로영화 이외에 너는 또 어떤 영화를 좋아하니?

· 除了她以外, 我都不认识。   그녀를 제외하고, 나는 전부 모른다.

· 除了汉语以外, 我还会说英语。   중국어 이외에도 나는 영어를 할 수 있다.

다음 질문에 아래와 같이 자신의 상황에 맞게 생각을 제시하고 개요를 짠 후, 말해 보세요.

Q. 你现在学外语，从什么时候开始学的？怎么开始学的？到现在怎么学习外语？请说明
一下。

당신은 현재 외국어를 배우고 있습니다. 언제부터 배우기 시작했나요? 어떻게 배우게 되었나요? 지금까지 어떻게 외국어를 공부하고 있는지 설명해 보세요.

생각 제시(Brainstorming)

- 할 수 잇는 외국어
- 흥미
- 외국어 학습에 대한 생각이나 느낌
- 외국어를 배운 이유
- **외국어**
- 외국어 공부의 어려운 점
- 공부 방법
- 외국어 학습 기간

구도 잡기(Story Map)

도입(Intro)

외국어 소개(할 수 있는 외국어 또는 배우고 있는 외국어) :

전개(Body)

소개하는 외국어에 대한 세부 설명

- 외국어를 배우는 이유 : --

- 학습 기간 : --

- 공부 방법 : --

- 기타 에피소드(어려운 점 또는 흥미 등) : ------------------------------

마무리(Closing)

외국어 학습에 대한 생각이나 느낌 : -------------------------------------

연습문제

1 다음 문장을 읽고 한글 단어를 중국어로 알맞게 써 보세요.

❶ 我打算明年跟我朋友一起去欧洲 <u>배낭여행</u>。 →

❷ 我 <u>건의하다</u> 我朋友周末也一起学习。 →

❸ 我非常喜欢 <u>쇼핑하다</u>。 →

❹ 上个周末听到了百货商店在 <u>세일을 하다</u>。 →

❺ 脑子里很乱的时候一个人逛街让我的心情变得很 <u>편안하다</u>。 →

2 다음 중국어 문장을 해석해 보세요.

❶ 除了爱情片以外，你还喜欢看什么电影？ _____

❷ 妈妈偏偏不让我做这件事。 _____

❸ 要是你明天晚上去他家，他一定正在工作。 _____

❹ 中国菜好吃是好吃，但是有点儿腻。 _____

❺ 我学习了第二课，但是老师偏偏考了第三课。 _____

3 다음 한국어 문장을 중국어로 바꾸어 써 보세요.

❶ 최근에 나는 학원에서 영어를 배우고 있다. _____

❷ 지난 주말에 외투 외에도 나는 청바지 한 장을 샀다. _____

❸ 영어를 배우는 것이 어렵기는 하지만, 점점 재미있다. _____

❹ 나는 흰색을 원했지만,
   여동생은 기어코 검은색을 사게 했다. _____

❺ 그녀를 제외하고, 나는 전부 모른다. _____

다음 질문에 대해 개요를 작성해 보고, 실제 시험처럼 말해 보세요. 🔊51

Q. 凋查中表明你喜欢购物。常去哪儿买东西？什么时候去？跟谁一起去逛街？常买什么
东西？请详细讲一讲最近购物的经历。

조사에서 당신은 쇼핑을 좋아한다고 했습니다. 주로 어디로 쇼핑을 가나요? 언제, 그리고 누구와 함께 쇼핑을
가나요? 주로 어떤 물건을 구매하나요? 최근의 쇼핑 경험을 자세히 말해 보세요.

Day18

고득점을 위한 최신경향 주제2

학습목표

① OPIc 고득점을 위해 최신경향 주제를 공략합니다.

② 독서에 관련된 단어를 익히고 롤플레이 유형의 과제를 수행합니다.

③ 텔레비전 시청과 관련된 단어를 익히고 과제를 수행합니다.

Day18 고득점을 위한 최신경향 주제2 독서/텔레비전 시청

최신경향 주제

OPIc에서 취미 생활 항목과 연관하여 '독서'와 '텔레비전 시청'에 대한 과제를 준비해야 합니다. 독서나 텔레비전 시청과 관련하여 다양한 주제로 에피소드를 생각하고 설명하기나 비교 · 대조하기 등 여러 가지 말하기 유형을 활용하여 짜임새 있게 응답하는 능력이 필요합니다.

최신경향 2

독서
❶ 다양한 과제(질문)에 대비: 좋아하는 도서 장르, 자신의 독서 습관, 좋아하는 책이나 저자 및 좋아하는 이유 등
❷ 롤플레이 유형 출제 대비

텔레비전 시청
❶ 다양한 과제(질문)에 대비: 텔레비전 프로그램 관련 과거와 현재 비교/대조, 프로그램 취향의 변화 비교/대조, 좋아하는 프로그램 장르, 텔레비전 시청 관련 어린 시절의 경험 등
❷ 콤보 유형 출제 대비

응답 길잡이

1 독서

❶ 상황을 설정하여 롤플레이 유형에 대비하기

친구와 도서관에 가는 약속을 잡는 상황 : 我将为您提供一个情景，请表演一下。您要跟朋友去图书馆看书。为了约好跟朋友去图书馆，请给朋友问3～4个问题。

좋아하는 책에 대해 친구와 토론하는 상황 : 我将为您提供一个情景，请表演一下。您和朋友对喜欢的书讨论，请给朋友问3～4个问题。

친구에게 책을 빌리는 상황 : 我将为您提供一个情景，请表演一下。您要借给朋友一本书，请给朋友问3～4个问题。

❷ 주변 시설 등을 활용해서 다양하게 질문 만들기

去图书馆以前，在麦当劳既吃汉堡，也喝可乐，怎么样？
도서관에 가기 전에 맥도날드에서 햄버거 먹고 콜라도 마시자. 어때?

你去过新开的图书馆吗？ 너 새로 생긴 도서관에 가 본 적 있니?

2 텔레비전 시청

❶ 좋아하는 프로그램 소개하기

情景喜剧是我最喜欢的电视节目之一。 시트콤은 제가 가장 좋아하는 텔레비전 프로그램 중 하나입니다.

❷ 좋아하는 이유 설명하기

情景喜剧错过看一集的话，也不影响看下一集。 시트콤은 한 편을 놓쳐도 다음 편에 영향을 미치지 않습니다.

❸ 경험 말하기

看这个节目，可以缓解工作压力，让我自己大笑。
이 프로그램을 보는 것은 업무 스트레스를 해소해 주고, 제가 크게 웃을 수 있게 합니다.

OPIc의 주제 중 독서와 텔레비전 시청에 대한 말하기에 유용한 단어입니다.

◆ 독서

독서와 도서관 관련 단어

图书馆 túshūguǎn 도서관 | **抽时间** chōu shíjiān 시간을 내다 | **看书** kàn shū 책을 보다 | **借书** jiè shū 책을 빌리다 | **课题** kètí 과제 | **报告** bàogào 보고서 | **小说** xiǎoshuō 소설 | **准备** zhǔnbèi 준비하다 | **打算** dǎsuan 계획, 계획하다 | **种类** zhǒnglèi 종류 | **方便** fāngbiàn 편리하다

약속 장소 관련 단어

麦当劳 màidāngláo 맥도날드 | **学校** xuéxiào 학교 | **正门** zhèngmén 정문 | **肯德基** Kěndéjī KFC | **星巴克** Xīngbākè 스타벅스 | **公园** gōngyuán 공원 | **逛** guàng 거닐다, 돌아다니다 | **决定** juédìng 결정하다 | **餐厅** cāntīng 식당 | **点心** diǎnxīn 간식 | **汉堡** hànbǎo 햄버거

가고 싶은 도서관 관련 질문

新开 xīnkāi 새로 생기다 | **通话** tōnghuà 통화하다 | **附近** fùjìn 근처, 부근 | **咖啡厅** kāfēitīng 커피숍 | **快餐厅** kuàicāntīng 패스트푸드점 | **交通工具** jiāotōng gōngjù 교통수단 | **不见不散** bújiàn búsàn 약속한 장소에서 만날 때까지 기다리다 | **吵** chǎo 떠들다, 시끄럽다 | **安静** ānjìng 조용하다 | **上网** shàngwǎng 인터넷 하다 | **期待** qīdài 기대하다

◆ 텔레비전 시청

텔레비전 프로그램 장르

节目 jiémù 프로그램 | **连续剧** liánxùjù 연속극 | **美国连续剧** Měiguó liánxùjù 미국 드라마 | **中国连续剧** Zhōngguó liánxùjù 중국 드라마 | **情景喜剧** qíngjǐng xǐjù 시트콤 | **新闻** xīnwén 뉴스 | **体育** tǐyù 스포츠 | **做菜** zuòcài 요리하다 | **音乐** yīnyuè 음악 | **娱乐** yúlè 오락 | **频道** píndào 채널

텔레비전 프로그램을 좋아하는 이유

辛苦 xīnkǔ 고생하다 | **查** chá 찾다, 조사하다 | **缓解** huǎnjiě 완화하다, 풀어지다 | **工作压力** gōngzuò yālì 업무 스트레스 | **大笑** dàxiào 크게 웃다 | **观众** guānzhòng 관중 | **欢迎** huānyíng 환영하다 | **有人气** yǒu rénqì 인기가 있다 | **迷人** mírén 사람을 매혹시키다 | **《不可阻挡的High Kick》** Bùkě zǔdǎng de High Kick 거침없이 하이킥 | **《大长今》** Dàchángjīn 대장금 | **《浪漫满屋》** Làngmàn mǎnwū 풀하우스

텔레비전 프로그램에 대한 감상

严肃 yánsù 심각하다 | **认真** rènzhēn 진지하다 | **影响** yǐngxiǎng 영향 | **下一集** xià yì jí 다음 편 | **酷** kù 멋있다 | **骄傲** jiāo'ào 자랑스러워하다 | **逼真** bīzhēn 리얼하다, 생동감 있다 | **收视率** shōushìlǜ 시청률 | **吓** xià 놀라다 | **感情戏** gǎnqíngxì 감정 연기 | **情节** qíngjié 줄거리, 스토리

01 要么～，要么～ ～하든지 ～하든지

要么**先去吃饭，**要么**先去图书馆，你做决定吧。**

먼저 식사를 하든지 먼저 도서관에 가든지 네가 결정해.

'要么～，要么～'는 '～하든지 ～하든지'라는 의미로, 몇 가지 상황 중에서 선택을 하는 것을 가리킵니다. 비슷한 표현으로 '或者～，或者～'가 있습니다.

- 或者**同意，**或者**反对，你说说看。** 동의하든지 반대하든지 말 좀 해 봐.
- 要么**你去，**要么**她去，你们俩中有一个人去就行。**
  네가 가든지 그녀가 가든지 둘 중 한 명만 가면 된다.
- 要么**买礼物，**要么**给钱，你自己决定。** 선물을 사든지 돈을 주든지 네가 스스로 결정해.
- 要么**买手机，**要么**买电脑，你选一个。** 휴대전화를 사든지 컴퓨터를 사든지 하나를 선택해.

02 凡是～，都… 모든 ～는 다 …하다

凡是**去过那个图书馆的，**都**说好。**

그 도서관에 가 본 사람들은 모두 좋다고 말한다.

'凡是～，都…'는 '어떤 범위 내의 일체의 것은 예외 없이 모두 ～하다'라는 의미를 나타냅니다. 비슷한 의미인 '일반적으로 ～하다', '대체적으로 ～하다'라는 표현은 '一般来说'를 사용합니다.

- 一般来说**，不努力就会取得成功的人是没有的。** 일반적으로 노력 없이 성공한 사람은 없다.
- 凡是**想去的，**都**可以申请。** 가고 싶은 사람은 모두 신청할 수 있다.
- 凡是**想去美国留学的，**都**得考托福。** 미국에 유학 가고 싶은 학생들은 모두 토플 시험을 봐야 한다.
- 凡是**来西安的，**都**想看看兵马俑。** 시안에 온 사람들은 모두 빙마용을 보고 싶어 한다.

03 没完没了 한도 끝도 없다

周末我一看电视，就没完没了。

주말에 나는 텔레비전을 봤다 하면 끝이 없다.

'没完没了'는 말이나 일이 '한도 끝도 없다', '끊임없이 ~하다'라는 의미로, 문장에서 술어나 부사어로 자주 사용됩니다. 부사어로 사용될 때는 '地'와 결합하여 '没完没了+地+술어'의 형태로 쓰여 술어를 수식합니다.

· **你们别没完没了地喝酒了，已经两点多了。**
너희들 밑도 끝도 없이 술 마시지 마라. 벌써 두 시가 넘었다.

· **孩子功课太重，每天作业没完没了。** 아이들의 수업이 너무 과해서, 매일 숙제가 끝이 없다.

· **那些小朋友没完没了地聊天儿。** 저 꼬마들은 끝도 없이 수다를 떤다.

· **他太胖了，因为他没完没了地吃什么东西。**
그는 너무 뚱뚱하다. 왜냐하면 그는 끊임없이 무언가를 먹기 때문이다.

04 ～之一 ～중의 하나

情景喜剧是我最喜欢的电视节目之一。

시트콤은 내가 가장 좋아하는 텔레비전 프로그램 중의 하나이다.

'～之一'는 '～중의 하나'라는 의미로 여러 가지 대상 중 하나를 가리킬 때 쓰는 표현입니다. 주로 '…是～之一'의 형태로 쓰고, 비슷한 표현으로 '…是～当中的一个'가 있습니다.

· **照相是我的爱好当中的一个。** 사진 찍기는 내 취미 중 하나이다.

· **《不可阻挡的High Kick》是我最喜欢的情景喜剧之一。**
≪거침없이 하이킥≫은 내가 가장 좋아하는 시트콤 중 하나이다.

· **《大长今》是我最喜欢的电视连续剧之一。** ≪대장금≫은 내가 가장 좋아하는 연속극 중 하나이다.

· **汉语是我觉得最有意思的语言之一。** 중국어는 가장 재미있는 언어 중 하나라고 생각한다.

다음 질문에 아래와 같이 자신의 상황에 맞게 생각을 제시하고 개요를 짠 후, 말해 보세요. **CD 53**

Q. 我将为您提供一个情景，请表演一下。您要跟朋友去图书馆看书。为了约好跟朋友去图书馆，请给朋友问3~4个问题。

제가 당신에게 상황을 제공하겠습니다. 연기를 해 주세요. 당신은 친구와 함께 도서관에 가서 독서를 하려고 합니다. 친구와 도서관에 가는 것을 약속하기 위해 친구에게 서너 가지 질문을 해 보세요.

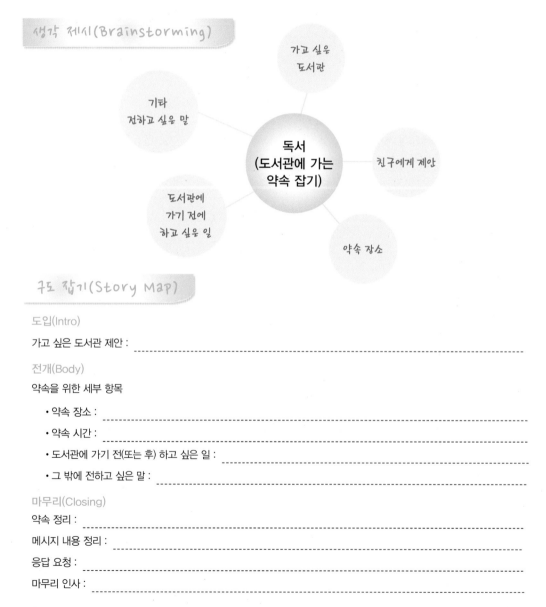

생각 제시(Brainstorming)

- 가고 싶은 도서관
- 기타 전하고 싶은 말
- 독서 (도서관에 가는 약속 잡기)
- 친구에게 제안
- 도서관에 가기 전에 하고 싶은 일
- 약속 장소

구도 잡기(Story Map)

도입(Intro)

가고 싶은 도서관 제안 : --

전개(Body)

약속을 위한 세부 항목

- 약속 장소 : --
- 약속 시간 : --
- 도서관에 가기 전(또는 후) 하고 싶은 일 : --------------------------------
- 그 밖에 전하고 싶은 말 : --

마무리(Closing)

약속 정리 : --

메시지 내용 정리 : --

응답 요청 : --

마무리 인사 : --

연습문제

1 다음 문장을 읽고 한글 단어를 중국어로 알맞게 써 보세요.

❶ <u>시간을 내다</u> 去图书馆看书吧。 　　　　→

❷ 我们一会儿再 <u>통화하다</u>，再见！ 　　　　→

❸ <u>시트콤</u> 最好之处在于不必那么严肃。 　　→

❹ 看这个节目，可以缓解 <u>업무 스트레스</u>，让我自己大笑。 →

❺ 我想去 <u>도서관</u> 看书，你有时间吗？ 　　→

2 다음 중국어 문장을 해석해 보세요.

❶《大长今》是我最喜欢的电视连续剧之一。

❷ 他太胖了，因为他没完没了地吃什么东西。

❸ 要么买礼物，要么给钱，你自己决定。

❹ 凡是想去美国留学的，都得考托福。

❺ 孩子功课太重，每天作业没完没了。

3 다음 한국어 문장을 중국어로 바꾸어 써 보세요.

❶ 먼저 식사를 하든지 먼저 도서관에 가든지 네가 결정해.

❷ 주말에 나는 텔레비전을 봤다 하면 끝이 없다.

❸ 그 도서관에 가 본 사람들은 모두 좋다고 말한다.

❹ 시트콤은 내가 가장 좋아하는
텔레비전 프로그램 중의 하나이다.

❺ 휴대전화를 사든지 컴퓨터를 사든지 하나를 선택해.

다음 질문에 대해 개요를 작성해 보고, 실제 시험처럼 말해 보세요.

Q. 你常常看电视。你一般常看哪个电视节目?

당신은 텔레비전을 자주 즐겨 봅니다. 어떤 종류의 텔레비전 프로그램을 즐겨 보나요?

Day 19
고득점을 위한 최신경향 주제3

학습목표

① OPIc 고득점을 위해 최신경향 주제를 공략합니다.

② 경찰과 관련된 단어를 익히고 과제를 수행합니다.

③ 은행과 관련된 단어를 익히고 과제를 수행합니다.

최신 경향 주제

OPIc에서 돌발 문제 항목으로 가장 출제 빈도가 높은 경찰과 은행에 관해 준비해야 합니다. 경찰과 관련하여 경찰관의 외형적 특징 묘사, 역할 설명, 관련 경험 말하기 등의 과제에 대비하고, 은행과 관련하여 자주 다니는 은행 묘사, 은행에서 하는 일 설명, 관련 경험 말하기 등의 과제에 대비하는 것이 좋습니다.

경찰
❶ 다양한 과제(질문)에 대비: 한국의 경찰/경찰차 묘사, 경찰의 복장 묘사, 경찰의 임무 설명, 경찰 혹은 경찰차와 관련한 기억이나 경험 설명 등
❷ 콤보 유형 출제 대비

최신경향 3

은행
❶ 다양한 과제(질문)에 대비: 자주 다니는 은행 묘사, 은행에서 주로 하는 일 설명, 은행과 관련된 경험 설명 등
❷ 롤플레이 유형 출제 대비: 계좌 개설과 관련하여 질문하기와 문제 해결하기 등

응답 길잡이

1 경찰

❶ 한국 경찰의 외형적 특징 묘사

韩国的男女警察一般都穿天蓝色的衬衣，黑色的裤子，戴帽子。
한국의 남녀 경찰은 일반적으로 모두 하늘색 셔츠와 검정색 바지를 입고, 모자를 씁니다.

警察帽刻着雕纹，那个雕纹是警察的象征。
경찰 모자에는 독수리 문양이 새겨져 있는데, 그 독수리 문양이 경찰의 상징입니다.

❷ 경찰차의 외형적 특징 묘사

就警车来说，跟别的国家差不多一样，在白色背景绘制着蓝色条纹。
경찰차로 말하자면, 다른 다른 나라와 거의 비슷하게 흰색 바탕에 파란색 줄무늬가 그려져 있습니다.

2 은행

❶ 상황을 설정하여 롤플레이 유형에 대비하기

계좌 개설과 관련하여 질문하기 :
你好！我想开个账户。可以开支票和储蓄账户吗？
안녕하세요! 저는 새로 계좌를 개설하고 싶습니다. 당좌예금과 보통예금 계좌를 개설할 수 있나요?

식당에 신용카드를 두고 온 돌발상황에서 문제 해결하기 :
喂，您好！我是昨天在那家饭馆吃饭的。 여보세요? 제가 어제 그 음식점에서 식사를 했습니다.

我想，可能放在柜台上了，可以帮我保管一下吗？
제 생각에 아마도 카운터에 놓은 것 같은데, 보관 좀 해 주실 수 있나요?

OPIc의 주제 중 경찰과 은행에 대한 말하기에 유용한 단어입니다.

◆ 경찰

경찰의 외형적 특징(일반적 진술)

警服 jǐngfú 경찰복 | 严肃 yánsù 점잖다 | 可信赖 kě xìnlài 믿음직스럽다 | 差不多 chàbuduō 비슷하다 |
裤子 kùzi 바지 | 衬衣 chènyī 셔츠 | 米色 mǐsè 베이지색 | 黑色 hēisè 검은색 | 天蓝色 tiānlánsè 하늘색 |
穿 chuān 입다 | 戴 dài 착용하다, 몸에 지니다 | 皮带 pídài (가죽) 벨트

경찰의 외형적 특징(구체적 진술)

茄克 jiākè 재킷 | 双膀 shuāngbǎng 양쪽 어깨 | 警察帽 jǐngchámào 경찰 모자 | 雕纹 diāowén 독수리 문양 |
徽章 huīzhāng 계급장, 휘장, 배지 | 胸卡 xiōngkǎ 명찰 | 警察胸章 jǐngchá xiōngzhāng 경찰 배지 | 象征
xiàngzhēng 상징 | 绘制 huìzhì (도면·도표 따위를) 제작하다 | 特别 tèbié 특별하다 | 口袋 kǒudài 주머니 |
刻 kè 새기다

경찰차의 외형적 특징

警车 jǐngchē 경찰차 | 狭窄 xiázhǎi 비좁다 | 背景 bèijǐng 배경 | 条纹 tiáowén 줄무늬 | 车顶 chēdǐng 차 지붕 |
安装 ānzhuāng 설치하다 | 警报器 jǐngbàoqì 경보기, 사이렌 | 机盖 jīgài 보닛 | 标志 biāozhì 표지, 마크 |
中型车 zhōngxíngchē 중형차 | 偏爱 piān'ài 선호하다, 편애하다

◆ 은행

은행에 온 목적

取款 qǔkuǎn 돈을 찾다, 인출하다 | 换钱 huànqián 환전하다 | 汇率 huìlǜ 환율 | 自动取款机 zìdòng
qǔkuǎnjī 현금인출기 | 取款卡 qǔkuǎnkǎ 현금 인출카드 | 账户 zhànghù 계좌 | 信用卡 xìnyòngkǎ 신용카드 |
开户 kāihù 계좌를 개설하다 | 出示 chūshì 제시하다 | 证件 zhèngjiàn 증명서, 증서 | 汇款 huìkuǎn 송금하다 |
来不及 láibují (시간이 촉박하여) 미처 ～하지 못하다

계좌 개설 및 카드 발급

支票账户 zhīpiào zhànghù 당좌예금 | 储蓄账户 chǔxù zhànghù 보통예금 | 存款 cúnkuǎn 예금하다 |
申请 shēnqǐng 신청하다 | 网上银行 wǎngshàng yínháng 인터넷뱅킹 | 电话银行 diànhuà yínháng 폰뱅킹 |
业务 yèwù 업무 | 到期 dàoqī 기한이 되다, 만기가 되다 | 密码 mìmǎ 비밀번호 | 商量 shāngliang 상의하다

카드 이용

丢失 diūshī 잃다, 분실하다 | 上网购物 shàngwǎng gòuwù 온라인 구매 | 填 tián (빈칸에) 기입하다 | 偏偏
piānpiān 하필, 공교롭게도 | 超过 chāoguò 초과하다 | 信用额度 xìnyòng édù 신용한도액 | 服务 fúwù 서비스 |
地址 dìzhǐ 주소 | 办 bàn 처리하다 | 表 biǎo 표 | 护照 hùzhào 여권

01 방향보어 起来 [동작의 방향을 나타내는 보어]

看起来，穿警服的警察又严肃又可信赖。

보기에, 경찰복을 입은 경찰은 점잖아 보이고 믿음직스럽다.

'起来'는 동작의 방향이 아래에서 위로 향함을 나타내는 의미 외에도 위의 '看起来'처럼 동사 뒤에 쓰여 '~하자니'의 의미로 화자의 인상이나 관점을 나타내기도 합니다. 이밖에 '起来'는 동작의 완성을 나타내기도 하고, 동사나 형용사 뒤에 위치하여 동작이나 상태가 지속함을 나타내기도 합니다.

- 他们俩一见面就突然哭起来了。 그들 둘은 만나자마자 갑자기 울기 시작했다. [동작·상태의 지속]
- 有些事儿说起来容易，做起来难。 어떤 일들은 말하기는 쉽지만, (행동으로) 하기는 어렵다. [인상·관점]
- 这件衣服穿起来挺舒服的。 이 옷은 입어 보니 매우 편안하다. [동작의 완성]
- 这个名字听起来很好听，叫起来也很顺口。 이 이름은 듣기에 좋고 부르기에도 편하다. [인상·관점]

02 着 ~한 채로 있다

衬衣茄克的双膀贴着徽章。

셔츠 재킷의 양쪽 어깨에는 계급장이 붙어 있다.

'着'는 동사 뒤에서 동작이나 상태의 지속을 나타내는 동태조사로, '~한 채로 있다', '~한 상태로'라는 의미를 나타냅니다. 연동문에서는 첫 번째 동사 뒤에 놓여 두 번째 동사의 방식을 나타내고, 부정은 '没(有)+동사+着'의 형태로 씁니다. '着'를 포함한 표현 중 '~来着'는 문장 끝에서 이미 일어난 일이나 상황을 회상할 때 쓰는 표현입니다.

- 我喜欢趴着看书。 나는 엎드려서 책 보는 것을 좋아한다.
- 他叫什么名字来着？ 그의 이름이 뭐였더라?
- 他戴着帽子。 그는 모자를 쓰고 있다.
- 墙上没挂着画儿，挂着中国地图。 벽에 그림이 걸려 있지 않고, 중국 지도가 걸려 있다.
- 我听着音乐跑步。 나는 음악을 들으면서 조깅을 한다.

03 至少 최소한

在每各账户，我至少要有多少存款?

매 계좌에 최소 얼마를 예치해야 하나요?

'至少'는 '최소한', '적어도'라는 뜻으로 최저 한도를 나타냅니다. 수량, 시간 등에 대해 추측할 때 사용하기도 합니다. 비슷한 표현으로 '起码'가 있습니다.

- 我这次出差，起码要两个月才能回来。 이번 출장은 최소 두 달은 걸려야 비로소 돌아올 수 있다.
- 晚上睡觉至少要睡七个小时才有精神。 저녁에 잠은 최소한 7시간은 자야 비로소 기운이 난다.
- 我每天上学，走路至少要30分钟。 나는 매일 학교를 가는데, 걸어서 최소한 30분이 걸린다.
- 参加他们婚礼的人至少有350个人。 그들의 결혼식에 참석한 사람은 최소 350명은 된다.

04 说~就~ ~라고 말하자 바로 ~하다

说办就办，我现在想办VISA卡。

개설한다고 말 나온 김에, 저는 지금 VISA카드를 만들고 싶습니다.

'说~就~'는 '~라고 말하자 바로 ~하다'라는 뜻으로, 말을 한 뒤에 바로 행동에 옮기는 상황에서 사용하는 표현입니다. 주로 단음절 동사를 사용하는데, 자주 쓰이는 동사로는 '干', '走', '来' 등이 있습니다.

- 说来就来，她不到5点就到了。 온다고 하면 온다더니, 그녀는 5시도 안 되어서 바로 도착했다.
- 说走就走，现在就出发吧。 간다고 말 나온 김에, 지금 바로 출발하자.
- 我们说干就干，马上开始吧。 우리는 한다면 한다. 당장 시작하자.
- 说买就买，现在就去买吧。 산다고 말 나온 김에, 지금 바로 사러 가자.

다음 질문에 아래와 같이 자신의 상황에 맞게 생각을 제시하고 개요를 짠 후, 말해 보세요. CD 56

Q. 请讲一讲你们国家的警察。警察穿着什么样的服装？请描述一下穿警服的警察。而且警车也详细描述一下。

당신 나라의 경찰에 관해 말해 보세요. 경찰은 어떤 복장을 하고 있나요? 경찰복을 입은 경찰을 묘사해 보세요. 또 경찰차도 자세히 묘사해 보세요.

생각 제시(Brainstorming)

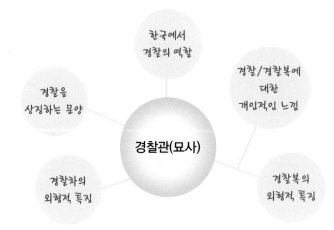

구도 잡기(Story Map)

도입(Intro)

한국 경찰에 대한 개론(경찰의 역할 등) : --

전개(Body)

경찰에 대한 묘사(복장과 차량의 외형적 특징)

· 경찰복 묘사 : --

· 경찰 차량 묘사 : --

마무리(Closing)

경찰에 대한 개인적인 생각(또는 경찰복에 대한 개인적인 느낌) :

----

1 다음 문장을 읽고 한국어 단어를 중국어로 알맞게 써 보세요.

❶ 韩国的男女 경찰 一般都穿 하늘색 的衬衣。 →

❷ 警察帽刻着雕纹，那个雕纹是警察的 상징。 →

❸ 我想开个 계좌。可以开支票和储蓄账户吗？ →

❹ 对了，可不可以用那个卡 온라인 구매？ →

❺ 车顶上安装着 사이렌，
机盖上绘制着一个很大雕纹的警车 상징(마크)。 →

2 다음 중국어 문장을 한국어로 해석해 보세요.

❶ 墙上没挂着画儿，挂着中国地图。

❷ 我们说干就干，马上开始吧。

❸ 晚上睡觉至少要睡七个小时才有精神。

❹ 这个名字听起来很好听，叫起来也很顺口。

❺ 参加他们婚礼的人至少有350个人。

3 다음 한국어 문장을 중국어로 써 보세요.

❶ 보기에, 경찰복을 입은 경찰은
점잖아 보이고 믿음직스럽다.

❷ 매 계좌에 최소 얼마를 예치해야 하나요?

❸ 개설한다고 말 나온 김에,
저는 지금 VISA카드를 만들고 싶습니다.

❹ 셔츠 재킷의 양쪽 어깨에는 계급장이 붙어 있다.

❺ 산다고 말 나온 김에, 지금 바로 사러 가자.

다음 질문에 대해 개요를 작성해 보고, 실제 시험처럼 말해 보세요. ^{CD}57

Q. 我将为您提供一个情景，请表演一下。你要去新地开户。为了开户要知道的，请向营业员问3~4个问题。

제가 당신에게 상황을 제공하겠습니다. 연기를 해 주세요. 당신은 은행 계좌를 새로 개설하러 갑니다. 계좌를 개설하기 위해 알아야 할 것들 서너 가지를 은행의 직원에게 물어보세요.

모의OPIc
(Actual Test)

Day20 모의OPIc

Q1. 请介绍一下你自己。

 자기소개를 해 보세요.

구도 잡기(Story Map)

모범답안 我来自我介绍一下儿。我姓金，叫金珉秀，今年三十六岁。我在首尔的建筑设计公司工作，在那家公司工作五年了。我结婚五年半了，我有一个女儿和一个儿子。我的女儿今年三岁了，我的儿子出生六个月了。我的孩子们还小，所以我的爱人在家做家务，过着家庭主妇的生活。我个子比较高，身材不胖也不瘦。我是活泼开朗的人，喜欢跟人打交道。所以很多朋友都喜欢跟我在一起。我的爱好是看电影，我的爱人也很喜欢看电影，所以我们结婚以后也还一起去看电影。但是，生了孩子以后，不能去看了。我非常喜欢做菜，周末常常为了家人做菜。我做菜做得很好吃，尤其是意大利面。听我的女儿说，我做的意大利面最好吃。

해석 제 소개를 해 보겠습니다. 저는 김민수라고 하고, 올해 36세입니다. 저는 서울의 건축설계회사에서 일을 하고 있는데, 이 회사에서 일한 지 5년째입니다. 저는 결혼한 지 5년 반이 되어 가고, 딸 하나와 아들 하나가 있습니다. 제 딸은 올해 3살이 되었고, 제 아들은 태어난 지 6개월이 되었습니다. 아이들이 아직 어려서, 제 아내는 집에서 집안일을 하면서 가정주부로 생활하고 있습니다. 저는 키가 비교적 크고, 몸은 뚱뚱하지도 마르지도 않았습니다. 저는 활발하고 명랑한 사람이라, 사람들과 교류하는 것을 좋아합니다. 그래서 많은 친구들이 저와 함께하는 것을 좋아합니다. 제 취미는 영화를 보는 것인데, 제 아내 또한 영화 보는 것을 좋아해서 결혼 후에도 여전히 함께 영화를 보러 다녔습니다. 그러나 아이가 태어난 이후에는 갈 수 없게 되었습니다. 저는 요리하는 것을 매우 좋아합니다. 주말에는 가족들을 위해 자주 요리를 합니다. 제가 한 음식은 매우 맛있는데, 특히 스파게티가 그렇습니다. 제 딸은 제가 만든 스파게티가 가장 맛있다고 합니다.

단어 建筑设计 jiànzhù shèjì 건축설계 | 家庭主妇 jiātíng zhǔfù 가정주부 | 打交道 dǎ jiāodao 교제하다

Q2. 调查中表明你是公司职员。你工作的办公楼怎么样？能看到书桌、窗户或什么
办公设备？办公室里有什么？请详细描述一下。
CD 59

조사에서 당신은 회사원이라고 하였습니다. 당신이 근무하는 사무실은 어떻습니까? 책상, 창문 또는 어떤 사무기기들을 볼 수 있나요? 사무실에 어떤 것들이 있는지 자세히 묘사해 주세요.

구조 잡기(Story Map)

모범답안 我在大田的一家贸易公司工作。我的办公室在十一楼，比较大。办公室的右边是大大的窗户和一排排整齐的办公桌，每个办公桌上有一台电脑，我的办公桌是左边第二个。办公室的右边有很多办公设备：复印机、打印机、传真机什么的，而且还有常用的文具。办公室的左边有三个房间，是会议室、会客室和休息室。会议室的中间有大大的会议桌，前面有显示屏。在开会的时候，为了有效、生动的发表或演示文稿，要用显示屏。会客室比较小，是接待客户的房间，有舒舒服服的沙发、中间有茶几。休息室是我们职员休息的空间，可以一边喝咖啡一边聊天儿。休息室有一台咖啡机，我们可以自制咖啡，旁边有一台饮水机。还有书架上有很多书，能看书。我们公司每天工作很忙，但是我觉得工作环境非常好，而且这里是工作的好地方。

해석 저는 대전의 한 무역회사에서 일을 합니다. 저의 사무실은 11층에 있고, 비교적 큽니다. 사무실의 오른쪽에는 매우 큰 창문과 가지런하게 배열되어 있는 사무용 책상이 있고, 매 사무용 책상마다 컴퓨터가 있습니다. 제 책상은 왼쪽 두 번째입니다. 사무실의 오른쪽 모퉁이에는 복사기, 프린트기, 팩스 등 많은 사무용 기기들이 있습니다. 게다가 자주 사용하는 문구도 있습니다. 사무실의 왼쪽에는 3개의 방이 있는데, 회의실, 접견실, 그리고 휴게실입니다. 회의실의 중간에는 매우 큰 회의 책상이 있고, 앞에는 스크린이 있습니다. 회의를 할 때, 효과 있고 흥미 있는 발표 혹은 프레젠테이션을 할 때 스크린을 사용합니다. 접견실은 비교적 작습니다. 고객을 접견하는 방으로, 매우 편안한 소파가 있고 중간에는 티 테이블이 있습니다. 휴게실은 우리 직원들이 쉬는 공간으로, 커피를 마시면서 이야기를 나눌 수 있습니다. 휴게실에는 커피메이커가 한 대 있어서 자기가 직접 커피를 만들어 마실 수 있습니다. 그 옆에는 정수기가 한 대 있고, 책꽂이에는 많은 책들이 있어서 책을 읽을 수 있습니다. 우리 회사는 매일 바쁘지만, 업무 환경이 매우 좋고 일하기 좋은 곳이라고 생각합니다.

단어 复印机 fùyìnjī 복사기 | 打印机 dǎyìnjī 프린트기 | 办公设备 bàngōng shèbèi 사무용 기기 | 会客室 huìkèshì 접견실 | 咖啡机 kāfēijī 커피메이커 | 饮水机 yǐnshuǐjī 정수기

Q3. 调查中表明你是公司职员。平时你做什么工作？你在平时的工作，从开始到结束，请详细说明一下。

CD 60

조사에서 당신은 회사원이라고 하였습니다. 평일에 당신은 어떤 일을 합니까? 평일에 당신이 하는 일을 처음부터 끝까지 자세히 설명해 보세요.

구도 잡기(Story Map)

▶**모범답안**　我是一般上班族，公司职员。我从九点到六点工作，但是我八点来公司。我每天上班的头一件事就是打开 E-mail，确认客户发送的邮件并马上回复。而且，负责接收分公司和客户发来的传真，上传产品到公司网站，以及处理订单。从十二点到一点半是午休时间，能休息一个半小时。拿下午的工作来说，检查一整天收到的所有文件和记录，管理传真服务器。下班以前，把所有的文件和记录交给组长。偶尔加班，但是除了上司让我处理紧急业务以外，日常工作都一样。

▶**해석**　저는 평범한 샐러리맨으로, 회사원입니다. 9시부터 6시까지 일을 하지만, 저는 8시에 회사에 옵니다. 제가 매일 출근해서 맨 처음 하는 일은 바로 이메일을 열어서, 고객이 보낸 메일을 확인하고 바로 답변을 하는 것입니다. 그리고 지사와 고객이 보낸 팩스를 받는 일을 담당하고, 회사 웹사이트에 제품을 업로드하는 것뿐만 아니라 제품의 주문도 처리합니다. 12시부터 1시 반까지는 점심 휴식 시간으로, 한 시간 반을 쉴 수 있습니다. 오후의 일을 말하자면, 하루 동안 받은 모든 서류와 기록을 검토하고, 팩스 서버를 관리합니다. 퇴근하기 전에는 모든 서류와 기록들을 팀장님께 전달합니다. 가끔 야근을 하지만, 상사가 긴급한 업무를 시키는 것을 제외하고는 일상 업무가 모두 똑같습니다. .

▶**단어**　上班族 shàngbānzú 샐러리맨, 직장인 | 确认 quèrèn 확인하다 | 上传 shàngchuán 업로드하다 | 网站 wǎngzhàn 웹사이트 | 订单 dìngdān 주문 물품 | 服务器 fúwùqì 서버

你工作的公司有多少职员？公司有分公司吗？有的话，包括在分公司工作的职员，请说明一下员工人数。

당신이 일하는 회사는 직원이 몇 명입니까? 회사는 지사가 있나요? 있다면 지사에 근무하는 직원들을 포함해서 회사 직원들의 수를 말해 보세요.

구도 잡기(Story Map)

모범답안 说实话，我显然不知道我们公司有多少职员。据我所知，大概有三百多个人。在多个城市设立了七家分公司，总公司在首尔。这家总公司大概有两百多个职员，水原有三十多个，仁川有十二个，坡州有十个，大田有七个，大邱有九个，光州有十五个，釜山有二十多个。听说，最近经济情况不太好，我们公司的员工人数越来越少了。

해석 솔직히 말하면, 저는 저희 회사에 몇 명의 직원이 있는지 명확하게 알지 못합니다. 제가 아는 바에 따르면, 대략 300여 명입니다. 여러 도시에 일곱 개의 지사가 설립되어 있고, 본사는 서울입니다. 본사에는 대략 200여 명의 직원이 있고, 수원에 30여 명, 인천에 12명, 파주에 10명, 대전에 7명, 대구에 9명, 광주에 15명, 부산에 20여 명이 있습니다. 들기로는, 최근 경제 상황이 그다지 좋지 않아서, 저희 회사의 직원 수가 점점 줄고 있다고 합니다.

단어 显然 xiǎnrán 명확하다 | 据我所知 jù wǒ suǒ zhī 내가 아는 바에 따르면 | 分公司 fēngōngsī 지사 | 总公司 zǒnggōngsī 본사 | 情况 qíngkuàng 상황

Q5. 调查中表明你喜欢去滑冰。请介绍一下你去滑冰的地方。那个地方在哪儿，周围的环境怎么样?

CD 62

조사에서 당신은 스케이트 타러 가는 것을 좋아한다고 했습니다. 당신이 스케이트를 타러 가는 장소에 대해서 소개해 보세요. 그곳은 어디에 있고, 주변 환경은 어떤가요?

구도 잡기(Story Map)

모범답안 我喜欢玩儿直排溜冰。我一般去离我家20分钟左右的溜冰场，那个溜冰场有一个可以玩儿直排溜冰、滑板的大场地。那家溜冰场不拥挤，可以随便来回溜冰。在那里，您可以利用很多坡道和障碍。我非常喜欢表演技巧和特技，溜得非常好。这个溜冰场的地板很光滑，是溜冰的好地方。附近有一个公园，周围有餐厅、咖啡厅等便利设施。在露天的空间，可以安全地玩儿直排溜冰真幸运。

해석 저는 인라인스케이트를 즐겨 탑니다. 저는 보통 저희 집에서 약 20분 거리의 스케이트장에 갑니다. 그 스케이트장은 인라인스케이트와 보드를 탈 수 있는 큰 공간이 있습니다. 그 스케이트장은 사람들이 붐비지 않아서 자유롭게 인라인스케이트를 타고 돌아다닐 수 있습니다. 그곳에서는 많은 점프대와 장애물을 이용할 수 있습니다. 저는 테크닉과 묘기를 보이는 것을 좋아하고, 또 매우 잘합니다. 이 스케이트장의 바닥은 매끄러워서 스케이트 타기에 매우 좋은 곳입니다. 근처에는 공원이 있고, 주변에 음식점, 커피숍 등 편의 시설이 있습니다. 트인 공간에서 안전하게 인라인스케이트를 탈 수 있는 것은 정말 행운인 것 같습니다.

단어 直排溜冰 zhípái liūbīng 인라인스케이트를 타다 | 溜冰场 liūbīngchǎng 스케이트장 | 坡道 pōdào 점프대 | 技巧 jìqiǎo 테크닉, 기술 | 特技 tèjì 묘기 | 安全 ānquán 안전하다

Q6. 去溜冰的时候，你穿什么样的衣服？请详细讲一讲你的溜冰服装。

 스케이트를 타러 갈 때, 어떤 옷을 입나요? 당신의 스케이트 복장을 자세히 설명해 보세요.

구도 잡기(Story Map)

모범답안 我去溜冰的时候，我穿普通的休闲服。随着季节的变化，我穿牛仔裤，短裤，T恤衫或夹克。我在溜冰场特技表演很多，常常穿戴安全装备。比如，一个头盔和护膝，手套什么的。这些安全装备的颜色和样式都很别致。其实穿戴着这些安全装备表演非常不舒服，但是我溜冰的时候，积极地溜，常受伤，而且为了安全我一定要用。如果不穿戴这些安全装备，我可能会受重伤。

해석 저는 스케이트를 타러 갈 때, 평상시의 편안한 옷을 입습니다. 계절의 변화에 따라 청바지, 반바지, 티셔츠 혹은 재킷을 입습니다. 저는 스케이트장에서 묘기를 많이 보여서, 항상 안전 장비를 착용합니다. 예를 들어, 헬멧과 무릎 보호대, 장갑 등입니다. 이러한 안전 장비들의 색과 스타일은 모두 독특합니다. 사실 이 안전 장비들을 착용하고 묘기를 부리는 것은 매우 불편합니다. 그러나 저는 스케이트를 탈 때 매우 적극적으로 타서 자주 상처를 입습니다. 그래서 안전을 위해 반드시 착용합니다. 만약 이런 안전 장비를 착용하지 않으면, 저는 아마도 심각한 상처를 입을 것입니다.

단어 安全装备 ānquán zhuāngbèi 안전 장비 | 头盔 tóukuī 헬멧 | 护膝 hùxī 무릎 보호대 | 受伤 shòushāng 상처를 입다

Q7. 那对你最近去溜冰的情况说一下。跟谁一起去的？怎么样？请讲一下那个经历。

 그럼 당신이 최근에 스케이트를 탔던 때에 대해 이야기해 보겠습니다. 누구와 함께 스케이트를 타러 갔나요? 어땠나요? 그 경험을 자세히 말해 보세요.

구도 잡기(Story Map)

모범답안 我有对直排溜冰感兴趣的朋友组。我们每个月聚两次，一般周末一起去玩儿直排溜冰。我们一般去溜冰场溜冰，有时候也去街上溜冰。在街上溜冰有点儿危险，但是很有意思。上个周末我和两个朋友去街上溜冰了。我们溜了很长时间，也表演了很多特技。很多人看见我们的特技，都给我们拍手和欢呼。听到了掌声和欢呼声，我们就表演更精彩的特技，所以结果重重地摔倒了几次。但是，又感动又有意思，我完全能够忍受这些不太重的轻伤。

해석 저는 인라인스케이트에 관심을 가지고 있는 친구들 모임이 있습니다. 우리는 매달 두 번 모이는데, 보통 주말에 함께 스케이트를 타러 갑니다. 우리들은 보통 스케이트장으로 스케이트를 타러 가는데, 때로는 거리로 나가서 타기도 합니다. 거리에서 타는 것은 조금 위험하지만, 재미있습니다. 지난 주말에 저와 친구 두 명은 거리로 스케이트를 타러 갔습니다. 우리들은 오랜 시간 동안 탔고, 묘기도 많이 보였습니다. 많은 사람들이 우리들의 묘기를 보고, 우리에게 박수를 치며 환호했습니다. 그 소리를 듣고, 우리들은 바로 더 멋있게 묘기를 보였습니다. 그래서 결국 땅에 몇 번 심하게 떨어졌지만, 감동적이고 재미있기도 해서 저는 이렇게 별로 심각하지 않은 상처는 충분히 견딜 수 있습니다.

단어 朋友组 péngyǒu zǔ 친구 모임 | 危险 wēixiǎn 위험하다 | 欢呼 huānhū 환호 | 精彩 jīngcǎi 멋있다 | 忍受 rěnshòu 견디다

Q8. 我很喜欢打电话。问3~4个问题了解一下我常打电话的内容或情况。

CD 65 저는 전화하는 것을 좋아합니다. 제가 자주 나누는 전화 주제들에 대해 좀 더 알아볼 수 있게 3~4가지의 질문을 해 보세요.

거도 잡기(Story Map)

第一，你常常什么时候打电话？
第二，你跟谁打电话？
第三，我一打电话，就没完没了。你打多长时间？
第四，你打电话的内容是什么？
第五，你经常打长途电话吗？
最后，你能告诉我哪种长途电话服务更便宜吗？

해석

첫째, 당신은 주로 언제 전화를 하나요?
둘째, 당신은 누구와 전화를 하나요?
셋째, 저는 전화를 했다 하면 끝이 없습니다. 당신은 얼마나 길게 전화하나요?
넷째, 당신은 전화하는 내용이 무엇인가요?
다섯째, 당신은 시외전화를 자주 사용하나요?
마지막으로, 어느 시외전화가 가장 저렴한지 저에게 알려 줄 수 있나요?

단어 多长时间 duōcháng shíjiān 얼마나 오래[주로 의문을 나타냄]

Q9. 我将为您提供一个情景。请表演一下。假设一下我要去新开的商店迷了路。有正在营业的餐厅，进餐厅去，对新开的商店问一下3~4个问题。

CD **66**

제가 당신에게 상황을 제공하겠습니다. 연기를 해 보세요. 새로 생긴 상점에 가려고 하는데 길을 잃었다고 가정해 보겠습니다. 영업 중인 식당이 있는데, 그 식당에 들어가서 새로 생긴 상점에 대해 3~4가지의 질문을 해 보세요.

구도 잡기(Story Map)

모범답안 你好，请问一下。我正在找前几天新开的服装商店，那家商店是"开心商店"。听说那家商店正在大减价，我迷路了。我不是这里的人，看地图找商店也找不到。我究竟在哪里？你知不知道开心商店在哪儿？离这儿远不远？应该怎么走？可以告诉我到那家商店怎么走吗？

해석 안녕하세요? 말씀 좀 묻겠습니다. 저는 며칠 전에 개업한 옷 가게를 찾고 있는데, 그 가게는 '카이신 샹디앤'입니다. 그 가게가 지금 세일을 한다고 하던데, 제가 길을 잃어서요. 저는 이곳 사람도 아니고, 지도를 보고 가게를 찾아도 찾을 수가 없습니다. 저는 도대체 어디에 있는 것인가요? '카이신 샹디앤'이 어디에 있는지 아시나요? 여기에서 먼가요? 어떻게 가야 하나요? 그 가게까지 어떻게 가는지 알려 주실 수 있나요?

단어 大减价 dà jiǎnjià 세일을 하다 | 迷路 mílù 길을 잃다 | 究竟 jiūjìng 도대체, 아무튼

Q10.

CD 67

对不起，请你解决一个问题。到了新开的商店，发现了把钱包落在30分钟以前去的餐厅。给餐厅打电话详细说明一下你的钱包，然后建议能找到钱包的解决方法。

죄송합니다만, 문제를 해결해 주세요. 새로 생긴 상점에 도착했는데, 30분 전에 들렀던 식당에 지갑을 두고 온 것을 알게 되었습니다. 식당에 전화를 걸어 지갑을 자세히 설명해 보세요. 그리고 난 후, 지갑을 바로 찾을 수 있는 해결 방법을 제안해 보세요.

구도 잡기(Story Map)

모범답안 喂，您好！我是刚才去那里打听开心商店的人。好几次给你添麻烦，真对不起。其实，我好像把钱包落在你们餐厅了。我的钱包是黑色的正方形，钱包中间有"PRADA"标志。我想，可能放在柜台上了，可以帮我保管一下吗？我正在回去取钱包的路上。请帮我找到钱包。如果你有事儿出去的话，请把钱包留给你的同事。拜托您了。

해석 여보세요, 안녕하세요? 저는 방금 그곳에 들러서 카이신 샹디앤에 대해 물어보았던 사람입니다. 여러 번 번거롭게 해서 정말 죄송합니다. 사실, 제 지갑을 당신의 식당에 놓고 온 것 같습니다. 제 지갑은 검정색의 정사각형 모양이고, 지갑의 가운데에는 'PRADA'로고가 있습니다. 제 생각에 아마도 카운터에 놓은 것 같은데, 보관 좀 해 주실 수 있나요? 저는 지금 지갑을 찾으러 되돌아가는 길입니다. 저를 도와 지갑 좀 찾아주세요. 만약 당신이 일이 있어서 외출을 해야 하면, 지갑을 당신의 동료에게 맡겨 주세요. 부탁드립니다.

단어 添麻烦 tiān máfan 폐를 끼치다, 번거롭게 하다 | 落 là 빠뜨리다 | 正方形 zhèngfāngxíng 정사각형 | 标志 biāozhì 로고, 표지 | 保管 bǎoguǎn 보관하다 | 取 qǔ 찾다 | 拜托 bàituō 부탁하다

Q11.

你肯定有上班的时间迟到的经历。为什么迟到了？什么时候？那时候，请详细说一下如何应对那个情况。

CD 68

당신은 출근 시간에 늦은 경험이 있을 것입니다. 왜 늦었고, 언제였나요? 그때 그 상황에 어떻게 대처했는지 자세하게 말해 보세요.

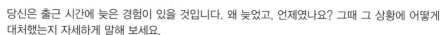

구도 잡기(Story Map)

모범답안 我确实有迟到的经历。我知道迟到是不好的，当我迟到的时候，我感到非常不好意思。但是那个时候，我不得不迟到了。我上班时间迟到是在去年12月。当时，正在扩宽道路，所以那条道路常常堵车。我早就从家里出发了，省得因为路上堵车而迟到。不过，突然下起了大雪，我在路上堵了两个小时了。我先给领导打电话，告诉了他迟到的原因，那时候领导说别的职员也堵在路上动不了，领导让我放心。我的领导又善解人意又和蔼可亲。

해석 저는 지각한 경험이 분명히 있습니다. 저는 지각이 좋지 않은 것이라는 것을 압니다. 제가 지각했을 때, 저는 부끄러움을 느꼈습니다. 그러나 그때는 어쩔 수 없이 지각을 했습니다. 출근 시간에 제가 지각한 것은 작년 12월이었습니다. 당시에 도로를 확장하고 있어서, 그 도로는 자주 차가 막혔습니다. 차가 막혀서 지각하는 것을 피하기 위해, 저는 일찍 집에서 출발했습니다. 그런데 갑자기 눈이 많이 내리는 바람에, 길이 막혀서 두 시간을 길에서 있었습니다. 저는 먼저 상사에게 전화를 걸어서 늦어지는 원인을 말씀드렸습니다. 그때 상사는 다른 직원도 길이 막혀서 움직이지 못하고 있다고 말씀하시며 저를 안심시켜 주셨습니다. 제 상사는 사려가 깊고 따뜻합니다.

단어 不好意思 bùhǎoyìsi 부끄럽다 | 扩宽 kuòkuān 넓히다 | 领导 lǐngdǎo 상사 | 原因 yuányīn 원인 | 动 dòng 움직이다 | 善解人意 shànjiě rényì 다른 사람의 의중을 잘 헤아리다 | 和蔼可亲 hé'ǎi kěqīn 온화하고 정겹다, 사근사근하다

Q12. 调查中表明你去国内旅行。旅行的时候，你喜欢什么样的菜？请说一下在旅
行中常吃的菜。

CD
69

조사에서 당신은 국내 여행을 한다고 했습니다. 여행할 때 어떤 종류의 음식을 먹는 것을 좋아하나요?
여행하면서 즐겨 먹는 음식을 말해 보세요.

구도 잡기(Story Map)

모범답안 我旅行的时候，喜欢吃烤肉，特别是五花肉。很多韩国人非常喜欢在旅行中喝酒吃肉。对我来说，我喜欢吃
烤土豆、烤玉米之类的烧烤。喝酒的时候，这些菜都是不错的下酒菜。一整天逛了很多地方，第二天早上太累了，懒得做
菜。所以我偶尔吃方便面、快餐，我也知道吃这些食物对身体不太好，但是旅行是特殊的日子，我觉得这样吃也还行。

해석 저는 여행할 때 고기를 구워 먹는 것을 좋아합니다. 특히 삼겹살을 좋아합니다. 많은 한국인들이 여행 중에 술과 고기를
먹는 것을 매우 좋아합니다. 저로 말할 것 같으면, 감자나 옥수수 등을 구워서 먹는 것도 좋아합니다. 술을 마실 때 이러한 음식
들은 좋은 안주입니다. 온종일 여러 곳을 돌아다니면 다음 날 아침에 너무 피곤해서 요리를 하는 것이 귀찮습니다. 그래서 저는
가끔 라면이나 패스트푸드를 먹습니다. 이런 음식이 몸에 별로 좋지 않다는 것을 저 또한 압니다. 그러나 여행은 특별한 날이니,
이런 날에는 먹어도 괜찮다고 생각합니다.

단어 烤肉 kǎoròu 고기를 굽다 | 五花肉 wǔhuāròu 삼겹살 | 烧烤 shāokǎo (육류나 채소를) 불에 굽다 | 懒得 lǎnde
~을 하는 게 귀찮다

Q13. 请讲一讲最难忘的旅行经历。什么时候去的？去哪儿了？跟谁一起去的？做了什么？请详细讲一讲。

가장 잊기 힘든 휴가 경험을 말해 보세요. 언제 갔습니까? 어디로 갔습니까? 누구와 함께 가서 무엇을 했습니까? 자세하게 말해 보세요.

구조 잡기(Story Map)

모범답안 我是去年去釜山的。我的妹妹在釜山工作，好久没见她了，而且当时我心情很郁闷，就去釜山旅行了。我是第一次去釜山，所以别提多兴奋了。我到了釜山站，妹妹正在等着接我。好久没见她，太激动了。我们首先到"海云台"看看大海，一边聊天儿一边沿着海边走。妹妹带我去寿司餐厅，那家餐厅非常有名，我们排队等了三十分钟。但是那家的寿司别提多好吃了。我们吃完以后，去"南浦洞"逛街买衣服了，吃了很多好吃的。然后，我们去了很有名的咖啡专卖店，聊了很长时间。釜山的旅行是一次难忘的旅行，因为好久没跟妹妹一起去旅行，而且那个旅行让我心情爽快。

해석 저는 작년에 부산에 갔었습니다. 제 여동생이 부산에서 일을 해서 오랫동안 만나지 못했습니다. 게다가 당시에 저는 마음이 우울해서 부산으로 여행을 갔습니다. 저는 처음으로 부산에 간 것이어서, 말도 못하게 흥분했습니다. 부산역에 도착하니, 제 여동생이 저를 마중하러 기다리고 있었습니다. 오랫동안 만나지 못해서 매우 흥분했습니다. 우리는 먼저 해운대에 가서 바다를 보고, 이야기를 하며 해변을 따라 걸었습니다. 여동생은 초밥식당으로 저를 데려갔는데, 그 식당은 매우 유명한 곳이라, 우리는 30분 동안 줄을 서서 기다렸습니다. 그러나 그곳의 초밥이 얼마나 맛있는지 말도 못합니다. 우리는 식사를 한 후, 남포동으로 가서 거리 구경을 하며 옷을 사고, 맛있는 것도 많이 먹었습니다. 그런 후, 우리는 매우 유명한 커피전문점에 가서 오랫동안 이야기를 했습니다. 부산 여행은 잊을 수 없는 여행입니다. 왜냐하면 오랜만에 여동생과 함께 여행을 했고, 그 여행이 제 마음을 상쾌하게 해 주었기 때문입니다

단어 海云台 Hǎiyúntái 해운대 | 寿司 shòusī 초밥 | 南浦洞 Nánpǔdòng 남포동

| OPIc중국어의 정석! IM공략

Q14. 你浏览互联网。你经常访问哪些网站？为什么你访问网站？

 당신은 인터넷 서핑을 합니다. 어떤 사이트들을 자주 방문하나요? 그 사이트들은 왜 방문하나요?

기도 잡기(Story Map)

모범답안 我一般比较喜欢在网上买东西，因为在网上购物，不用花费很多时间和精力去逛街，我可以坐在家里，一边喝着咖啡，一边点着鼠标，挑选我要买的东西。实在是太方便了，在网上能买的东西非常多，比如食品、生活用品、服装、化妆品、甚至家具和家电等也能在网上购买。我非常喜欢看书，每个月至少看五本书。我常常在网上书店买书，因为那样的网站比别的地方便宜得多，而且只要一订货就会尽快发货。

해석 저는 보통 인터넷에서 물건 사는 것을 좋아합니다. 그 이유는 인터넷 구매를 하면, 많은 시간과 체력을 소모하며 거리를 돌아다닐 필요가 없고, 집에 앉아서 커피를 마시며 마우스만 클릭하여 제가 원하는 물건을 고를 수 있기 때문입니다. 정말이지 매우 편리합니다. 인터넷에서 살 수 있는 물건은 정말 많습니다. 예를 들어, 식품, 생활용품, 옷, 화장품, 심지어 가구와 가전제품 등도 역시 인터넷에서 구매할 수 있습니다. 저는 책 보는 것을 정말 좋아해서 매달 최소한 다섯 권의 책을 봅니다. 저는 인터넷 서점에서 책을 자주 삽니다. 왜냐하면 그 사이트는 다른 곳보다 가격이 훨씬 싸고, 주문하면 바로 빠르게 배송되기 때문입니다.

단어 购物 gòuwù 구매하다 | 精力 jīnglì 힘, 체력 | 鼠标 shǔbiāo 마우스 | 网站 wǎngzhàn 사이트

Q15.

CD 72

我也经常使用互联网。那，对我常访问的网站和在那个网站做活动问3~4个问题。

저도 인터넷을 자주 이용합니다. 그러면 제가 자주 방문하는 사이트와 그 사이트에서 하는 활동에 대해서 3~4가지 질문을 해 보세요.

모범답안

第一，你最喜欢的网站是一个什么样的网站？

第二，你为什么喜欢访问那个网站？

第三，你是否加入了网站的俱乐部？

第四，你对游戏网站感兴趣吗？

最后，为了获得最新的新闻信息，你一般访问哪个网站？

해석

첫째, 당신이 가장 좋아하는 사이트는 어떤 사이트인가요?

둘째, 당신은 왜 그 사이트를 방문하는 것을 좋아하나요?

셋째, 당신은 사이트의 온라인 동호회에 가입했나요?

넷째, 당신은 게임 사이트에 관심을 가지고 있나요?

마지막으로, 가장 최신 뉴스 정보를 얻기 위해, 당신은 보통 어느 사이트를 방문하나요?

단어 访问 fǎngwèn 방문하다 | 获得 huòdé 얻다 | 信息 xìnxī 소식, 정보

부록

Day1

22p. OPIc중국어 실전공략

Q.调查中表明你喜欢去公园。那个公园在哪儿？有什么设施？请描述一下公园。

▶모범답안

我最喜欢的公园是汉江公园，那个公园在汝矣岛。离我家不远有汉江公园，吃完晚饭，我和家人常常在那儿散步。我觉得公园又干净又美丽，而且环境不错。有很多花草树木，还有休息的长椅。当我们走累了的时候，能坐在长椅上聊天儿。那个公园能做很多运动：骑自行车、跑步、打网球。而且周末的时候到处可以看到很多家人来散步。到处能看到各种运动器械，夏天我常常去那个公园的游泳场。汉江公园在首尔中部，在公园欣赏城市，那个情景相当好。我想那个汉江公园值得一去。

▶해석 제가 최고로 좋아하는 공원은 한강공원입니다. 그 공원은 여의도에 있습니다. 저희 집에서 멀지 않은 곳에 한강공원이 있어서, 저녁 식사를 마치고 저는 가족들과 자주 그곳으로 산책을 하러 갑니다. 제가 생각하기에 그 공원은 깨끗하고 아름답습니다. 게다가 주위 환경이 훌륭합니다. 많은 꽃과 풀, 나무가 있고, 또한 쉴 수 있는 벤치도 있습니다. 우리들은 걷다가 피곤할 때, 벤치에 앉아서 이야기를 할 수 있습니다. 그 공원에서는 자전거 타기, 조깅, 테니스 등 여러 가지 운동을 할 수 있습니다. 게다가 주말에는 곳곳에서 가족들이 산책을 나온 것을 볼 수 있습니다. 도처에서 각종 운동기구를 볼 수 있고, 여름에 저는 그 공원의 수영장에 자주 갑니다. 한강공원은 서울의 중심부에 있어서 공원에서 도시를 감상할 수 있는데, 그 모습이 상당히 멋집니다. 저는 한강공원에 한번 가 볼 만하다고 생각합니다.

▶단어 汝矣岛 Rǔyǐdǎo 여의도 / 散步 sànbù 산책하다 / 长椅 chángyǐ 벤치 / 运动器械 yùndòng qìxiè 운동기구, 운동 장비 / 欣赏 xīnshǎng 감상하다 / 情景 qíngjǐng 정경, 모습

23p. 연습문제

1 ❶ 亲切 / 严厉 ❷ 幽默
  ❸ 干净 / 美丽 ❹ 打网球
  ❺ 情景

2 ❶ 내가 그에게 전화를 걸려고 할 때, 그의 전화가 왔다.
  ❷ 이 책은 한번 읽어 볼 만하다.
  ❸ 그는 매우 큰 눈을 가지고 있다.
  ❹ 오늘 날씨는 상당히 덥다.
  ❺ 그녀는 매우 예쁘게 단장했다.

3 ❶ 他的发言相当精彩。
  ❷ 当我们走累了的时候，能坐在长椅上聊天儿。
  ❸ 他有白白的短发。
  ❹ 这个公园值得一去。
  ❺ 她每天都快快乐乐地生活。

24p. Mini OPIc

Q. 请讲一讲你最尊敬的人。他长得怎么样？请详细讲一讲。

▶모범답안

我最尊敬我的汉语老师。他个子比较高、有白白的短发，一双大大的眼睛，脸上总是带着微笑。他戴眼镜，好像五十多岁似的。听说他在中国学的汉语，在中国取得了硕士和博士学位。他给我的第一印象可能是比较亲切，不严厉。我觉得他很开朗，健谈。而且他经常倾听别人的意见，但是老师讲语法的时候，有时候其实有点儿无聊。那个时候他给我们开玩笑，他相当幽默。我想他总是为了提高学生们的汉语水平而努力，所以我非常尊敬我的老师。

▶해석 저는 저의 중국어 선생님을 가장 존경합니다. 그는 키가 비교적 크고 새하얀 짧은 머리에, 매우 큰 눈을 가지고 있으며, 얼굴에는 항상 미소를 짓고 계십니다. 그는 안경을 썼고, 아마도 50살이 조금 넘는 것 같습니다. 듣자 하니 선생님은 중국에서 중국어를 공부하셨고, 그곳에서 석사와 박사 학위를 취득하셨다고 합니다. 그분이 저에게 준 첫인상은 비교적 친절하고, 엄격하지 않은 것이었습니다. 그는 활발하시고, 언변이 매우 좋으십니다. 게다가 그분은 다른 사람의 의견을 잘 들어 주십니다. 그러나 선생님께서 어법을 강의하실 때는 때론 사실 지루하기도 합니다. 그때는 선생님께서 우리들을 웃겨 주시는데, 상당히 유머러스하십니다. 그분은 항상 학생들의 중국어 실력 향상을 위해 노력합니다. 그래서 저는 선생님을 매우 존경합니다.

▶단어 尊敬 zūnjìng 존경하다 / 微笑 wēixiào 미소 / 硕士 shuòshì 석사 / 博士 bóshì 박사 / 印象 yìnxiàng 인상 / 严厉 yánlì 엄격하다 / 倾听 qīngtīng 주의해서 듣다, 경청하다 / 幽默 yōumò 유머러스하다

Day2

Q. 什么时候听音乐？在哪儿听？怎么听？请详细讲一讲。

▶모범답안

　　我平时睡觉以前或者早上起床以后听音乐，除非听音乐，否则我睡不着。有时候去旅行、出门的时候、在火车、公共汽车、地铁里很喜欢听音乐。在家的时候用电脑听音乐，在外边用手机、MP3听音乐。第一次买到MP3的时候，太高兴了，因为在哪儿都能听我喜欢的音乐。我最近偶尔买光盘，但是在网上下载比在商店买光盘便宜得多，而且更方便。什么音乐都有，什么时候都可以听。

▶해석　저는 평소에 잠을 자기 전 또는 아침에 일어난 후에 음악을 듣습니다. 꼭 음악을 들어야 합니다. 그렇지 않으면 저는 잠이 들지 않습니다. 가끔 여행을 가거나 외출을 할 때, 기차, 버스, 지하철 안에서 음악을 즐겨 듣습니다. 집에 있을 때는 컴퓨터를 이용해서 음악을 듣고, 밖에서는 휴대전화나 MP3로 음악을 듣습니다. 처음 MP3를 샀을 때 매우 기뻤습니다. 왜냐하면 어디에서든 제가 좋아하는 음악을 들을 수 있기 때문입니다. 최근에 가끔 CD를 사긴 했지만, 인터넷에서 다운로드를 받는 것이 상점에서 CD를 사는 것보다 훨씬 저렴하고 더욱 편리합니다. 어떤 음악이든 다 있고 언제라도 자유롭게 들을 수 있습니다.

▶단어　平时 píngshí 평소 / 睡不着 shuì bu zháo 잠에 들수 없다 / 偶尔 ǒu'ěr 가끔 / 随时 suíshí 언제든지, 수시로

1 ❶ 旅行 / 地铁　　　❷ 下载
　 ❸ 迷路　　　　　　❹ 带来
　 ❺ 第二天

2 ❶ 이 이야기는 마치 책에서 본 적이 있는 것 같다.
　 ❷ 네가 한턱내야지, 그렇지 않으면 그는 오지 않을 것이다.
　 ❸ 이 음식점은 저 음식점보다 훨씬 맛있다.
　 ❹ 나는 기꺼이 어머니께 옷을 사 드리려 한다.
　 ❺ 나는 감기에 걸린 것 같다.

3 ❶ 两只狗好像是妈妈和孩子似的。
　 ❷ 一直肯照顾它们。
　 ❸ 除非听音乐，否则我睡不着。
　 ❹ 在网上下载比在商店买光盘便宜得多。
　 ❺ 爸爸肯为我们花所有钱。

Q. 有没有难忘的跑步经历？什么时候？请讲一讲最难忘的跑步经历。

▶모범답안

　　我从一年以前开始跑步，为了减肥在我家附近跑步。有一天，我跑步的时候，两只狗跟我跑来了。两只狗好像是妈妈和孩子似的，而且看起来它们迷路了，很饿的样子。那时候，我回我家去带来水和吃的。它们吃得很多，吃完了以后它们看着我笑了，好像感谢我。第二天那两只狗又跟我跑来了，我又给它们吃的。我给它们吃的一年多了，有时候我不出去跑步的时候，它们就来我家门口等着我。虽然妈妈批评我，但是我很喜欢动物，一直肯照顾它们。

▶해석　저는 일 년 전부터 조깅을 하기 시작했습니다. 다이어트를 위해서 집 근처에서 조깅을 합니다. 어느 날, 제가 조깅을 하고 있을 때, 두 마리의 개가 저를 따라 뛰어왔습니다. 두 마리의 개는 마치 어미와 새끼인 것 같았습니다. 게다가 보아하니 그들은 길을 잃은 것 같았고, 매우 배고파 보였습니다. 그때 저는 집으로 돌아가서 물과 먹을 것을 가지고 왔습니다. 그들은 매우 많이 먹었습니다. 다 먹은 후에 그들이 나를 바라보며 웃었는데, 마치 저에게 감사하는 것 같았습니다. 이튿날 두 마리의 개는 또 저를 따라 뛰어왔습니다. 저는 또 그들에게 먹을 것을 주었습니다. 제가 그들에게 먹을 것을 준 지 일 년이 넘어갑니다. 때때로 제가 조깅을 하러 가지 않을 때, 그들은 저희 집 문 앞에서 저를 기다리고 있습니다. 어머니는 비록 저에게 야단을 치시지만, 저는 동물을 좋아하니 계속해서 기꺼이 그들을 돌봐 주려 합니다.

▶단어　跟 gēn ~을 따르다 / 带来 dàilái 지니고 오다 / 批评 pīpíng 혼내다 / 一直 yìzhí 줄곧, 계속해서 / 照顾 zhàogù 돌보다, 보살피다

Day3

Q. 调查中表明你喜欢看电影。你喜欢什么样的电影？为什么喜欢？请说明一下。

▶모범답안

　　我常常跟朋友一起去看电影。我们去看电影以前，跟朋友们商量看什么电影。商量好了以后，有一个朋友预订电影票。我的朋友喜欢看爱情片，但是我对动作片很感兴趣。所以想看动作片的时候，常常跟我弟弟去看。相对于在家看电影，我更喜欢去电影院看电影，因为在电影院看电影能感受到逼真的表演。我一看动作片就觉得特别过瘾，所有的压力都没了。所以其实我一有压力就去看动作片。

해석 저는 친구와 자주 영화를 보러 갑니다. 우리들은 영화를 보러 가기 전에 친구들과 어떤 영화를 볼지 상의합니다. 상의를 다 한 이후에는 어느 한 친구가 영화 표를 예매합니다. 제 친구들은 멜로영화를 좋아하지만, 저는 액션영화에 관심이 있습니다. 그래서 액션영화가 보고 싶을 때는 남동생과 자주 보러 갑니다. 저는 집에서 영화를 보는 것보다 영화관에서 영화를 보는 것을 더 좋아합니다. 왜냐하면 영화관에서 영화를 보면 실감 나는 연기를 느낄 수 있기 때문입니다. 저는 액션영화를 보기만 하면 기분이 매우 통쾌해지고, 모든 스트레스가 사라집니다. 그래서 저는 사실 스트레스만 있다 하면 액션영화를 보러 갑니다.

단어 商量 shāngliang 상의하다 / 预订 yùdìng 예약하다 / 逼真 bīzhēn 실감 나다 / 表演 biǎoyǎn 연기하다

39p. 연습문제

1 ❶ 逼真 ❷ 压力
❸ 苗条 ❹ 凉快 / 降暑
❺ 减肥

2 ❶ 우리들의 관계는 점점 더 좋아졌다.
❷ 그는 감기만 걸렸다 하면 머리가 아프다.
❸ 경제가 발전함에 따라 사람들의 생활수준도 향상되었다.
❹ 그들은 운동에 관심이 없다.
❺ 그녀는 점점 예뻐진다.

3 ❶ 我的身体突然越来越胖了。
❷ 我对动作片很感兴趣。
❸ 随着体重的增加，我全身不好了。
❹ 我一看动作片就觉得特别过瘾。
❺ 我对中国电影很感兴趣。

40p. Mini OPIc

Q. 调查中表明你喜欢游泳。为什么喜欢？请说明一下。

모범답안

我觉得游泳对身体有很多好处。其实三年以前，我的身体突然越来越胖了，随着体重的增加，我全身不好了。有的好朋友劝我游泳，我便开始学了。游泳游了三年了，现在身材很苗条，也更健康了。游泳是一个很好的休闲的方式。我喜欢游泳，特别闷热的时

候喜欢游泳。夏天在游泳场游泳能过得很凉快，可以降暑，所以游泳场是我最喜欢的地方。在那个地方能游泳，也能放松身体和情绪。我喜欢游泳是因为一来对身体有很多好处，二来能减肥，三来可以舒缓心情。

해석 저는 수영이 몸에 아주 많은 장점이 있다고 생각합니다. 사실 3년 전에 제 몸이 갑자기 점점 뚱뚱해졌습니다. 체중이 증가하면서, 저의 온몸이 매우 안 좋아졌습니다. 어떤 친한 친구가 제게 수영을 권해서 저는 바로 배우기 시작했습니다. 수영을 한 지 3년째인데 지금은 제 몸매가 매우 날씬하고, 더욱 건강해졌습니다. 수영은 하나의 좋은 휴식 방법입니다. 저는 수영하는 것을 좋아하는데, 특히 무더울 때 수영하는 것을 좋아합니다. 여름에 수영장에서 수영을 하면 시원하게 보내고 더위도 식힐 수 있습니다. 그래서 수영장은 제가 가장 좋아하는 곳입니다. 그곳은 수영을 할 수 있고, 또한 몸과 마음을 편안하게 할 수도 있습니다. 제가 수영을 좋아하는 것은 첫째, 몸에 매우 좋고, 둘째, 다이어트를 할 수 있고, 셋째, 마음을 편안하게 할 수 있기 때문입니다.

단어 身材 shēncái 몸매 / 苗条 miáotiao 날씬하다 / 闷热 mēnrè 무덥다 / 心情 xīnqíng 마음 / 一来~, 二来~, 三来~ yì lái~, èr lái~, sān lái~ 첫째~, 둘째~, 셋째~[내용을 열거할 때 사용함]

Day4

46p. OPIc중국어 실전공략

Q. 平时或者周末常穿什么样的衣服？请比较一下平时穿的和周末穿的衣服式样。

모범답안

平时我得去学校，所以常常穿很舒服的衣服。比如，穿牛仔裤、T恤衫，戴帽子，穿运动鞋。其实平时我也想穿得好看，但是平时没有时间，而且有点儿懒。但是周末跟平时不一样，跟男朋友有约会的时候，我尽量要穿连衣裙、迷你裙，穿高跟鞋。见朋友吃饭、喝咖啡、聊天儿的时候跟平时差不多一样，穿休闲服。那时候，管它过时不过时，只要穿起来合适就行。其实我不喜欢穿式样别致的。有时候参加婚礼或者聚会的时候，得穿正装。

해석 평소에 저는 학교에 가야 해서, 편한 옷을 자주 입습니다. 예를 들어, 청바지와 T셔츠를 입고, 모자를 쓰고 운동화를 신습니다. 사실 평소에도 예쁘게 입고 싶지만, 평소에는 시간이 없고 게다가 조금 게으른 편입니다. 그러

나 주말에는 평소와는 다릅니다. 남자 친구와 약속이 있을 때는 저는 되도록이면 원피스나 미니스커트를 입고, 하이힐을 신습니다. 친구들을 만나서 밥을 먹고 차를 마시고 이야기를 할 때는 평소와 거의 비슷하게 캐주얼 복장으로 입습니다. 그때는 유행이 지나든 지나지 않았든 간에 입어서 맞기만 하면 됩니다. 사실 저는 스타일이 독특한 걸 입는 것은 좋아하지 않습니다. 때때로 결혼식에 참가하거나 모임에 참가할 때는 정장을 입습니다.

▶**단어** 懶 lǎn 게으르다 / 尽量 jǐnliàng 되도록이면, 가능한 한 / 差不多 chàbuduō 거의, 대체로 / 合适 héshì 맞다, 어울리다

47p. 연습문제

1 ❶ 牛仔裤 / 帽子　❷ 聚会 / 正装
　❸ 房间　❹ 充满 / 幸福
　❺ 雅致

2 ❶ 비싸든 안 비싸든 상관없이, 부모님이 좋아하기만 하면 된다.
　❷ 비록 우리들은 만난 적은 있지만, 잘 알지는 못한다.
　❸ 네가 좋은 성적을 받고 싶다면 열심히 공부해야 한다.
　❹ 그들은 더할 나위 없이 정말 똑똑하다.
　❺ 얼마나 어려운지에 관계없이, 노력하기만 하면 잘 배울 수 있다.

3 ❶ 房子虽然不是特别大，但是很舒服。
　❷ 平时我得去学校，所以常常穿很舒服的衣服。
　❸ 那时候，管它过时不过时，只要穿起来合适就行。
　❹ 那时候我家在郊区，那里的风景再美不过了。
　❺ 你穿上这条裤子再好看不过了。

48p. Mini OPIc

Q. 请比较一下小时候住的房子和现在住的房子。

▶**모범답안**

　小时候我住在楼房。爷爷、奶奶和我的父母住在一楼，我和我的兄弟姐妹住在二楼。一楼有爷爷、奶奶的房间和父母的房间，还有客厅、厨房和卫生间。二楼有我和我妹妹，弟弟的房间、书房还有卫生间。我和我妹妹的房间右边有床，旁边有一个衣柜，还有一张桌子。那时候我家在郊区，那里的风景再美不过了。但是离地铁站有点儿远，交通不方便。现在我住在一所公寓，我家在15楼。我刚结婚，跟爱人一起住。房子虽然不是特别大，但是很舒服。我家有两个房间和一个客厅，还有厨房，卫生间。我们夫妻的房间不算大，很简单，但很雅致。另外一间房间是书

房，有很多书和电脑，还有一套家庭影院，我们每个周末在家一起看电影。我家住在市中心，交通比小时候的家更方便。小时候的房子跟现在的房子不一样，但都是充满欢乐，幸福的空间。

▶**해석** 어렸을 때 저는 복층 집에서 살았습니다. 할아버지, 할머니와 저의 부모님은 1층에 사셨고, 저와 저의 형제자매들은 2층에서 살았습니다. 1층에는 할아버지, 할머니의 방과 부모님의 방, 거실과 주방, 그리고 화장실이 있었습니다. 2층에는 저와 제 여동생, 남동생의 방이 있고, 서재와 화장실이 있었습니다. 저와 제 여동생의 방에는 오른쪽에 침대가 있었고, 옆에는 옷장과 책상이 있었습니다. 그때 우리 집은 교외에 있었는데, 그곳의 풍경은 더없이 아름다웠습니다. 그러나 지하철역이 멀어서, 교통이 편리하지 못했습니다. 현재 저는 아파트에 살고 있는데, 저희 집은 15층입니다. 저는 막 결혼을 해서 아내와 함께 살고 있습니다. 집이 비록 그리 크지는 않지만, 편안합니다. 우리 집은 두 개의 방과 하나의 거실, 그리고 부엌, 화장실이 있습니다. 우리 부부의 방은 큰 편은 아니고, 단출하지만 우아합니다. 또 다른 방은 서재인데, 많은 책과 컴퓨터가 있습니다. 또한 홈시어터가 있어서 주말마다 함께 집에서 영화를 봅니다. 저희 집은 시내에 있어서 교통이 어렸을 때의 집보다 훨씬 편리합니다. 어렸을 때의 집은 지금의 집과 다르지만, 모두 즐거움이 가득하고 행복한 공간입니다.

▶**단어** 爱人 àiren 아내, 남편[배우자를 가리킴] / 夫妻 fūqī 부부 / 简单 jiǎndān 단출하다, 단순하다, 간단하다

Day5

54p. OPIc중국어 실전공략

Q1. 我常常去外面吃饭。请你问我3~4个问题了解我爱去的餐厅和菜。

▶**모범답안**

－那家餐厅在哪儿?
－那家的拿手菜是什么?
－能给我推荐几个好吃的菜吗?
－去那家餐厅需要预订吗?
－那里有没有停车场?

▶**해석**

－ 그 식당은 어디에 있나요?
－ 그곳의 가장 잘하는 요리는 무엇인가요?
－ 저에게 맛있는 음식을 추천해 주실 수 있나요?
－ 그 식당을 가려면 예약을 해야만 하나요?
－ 그곳에는 주차장이 있나요?

단어 拿手菜 náshǒucài 잘하는 요리

Q2. 我将为您提供一个情景。请表演一下。这个星期六，你打算和家人一起去你家附近的餐厅吃饭。你给餐厅打电话预订一下。

모범답안

　　喂，是开心餐厅吗？我想预订座位。这个星期六，晚上6点，7个人，我们要二楼的包间。请安排比较安静的座位。对了，那里有没有停车场？最后那家餐厅营业到几点？

해석 여보세요, 카이신 식당인가요? 자리를 예약하고 싶은데요. 이번 주 토요일 저녁 6시, 7명입니다. 저희들은 2층의 룸을 원하는데, 비교적 조용한 자리로 해 주세요. 맞다, 혹시 그곳에 주차장이 있나요? 마지막으로 그 식당의 영업은 몇 시까지인가요?

단어 开心 Kāixīn 카이신[식당 이름] / 座位 zuòwèi 자리 / 最后 zuìhòu 마지막으로

Q3. 对不起，请你解决一个问题。听餐厅的职员说，座位都坐满了。那怎么办？给妈妈打电话说一下情况，然后建议解决的方法。

모범답안

　　妈妈，有点儿问题。我刚给餐厅打电话，座位都坐满了。我打算预订别的餐厅，可以吗？听说上个星期离我家不远的中餐厅开业了。只要喜欢中国菜就可以。要不在家做菜吃也行。我可以给家人做意大利面。妈妈，我做菜做得很好吃。

해석 엄마, 문제가 생겼어요. 제가 방금 식당에 전화를 했는데, 자리가 모두 찼어요. 제가 다른 식당을 예약하려고 하는데, 괜찮으시겠어요? 듣자 하니 지난주 우리 집에서 멀지 않은 곳에 중국음식점이 개업을 했다고 해요. 중국 요리를 좋아하면 괜찮아요. 아니면 집에서 요리를 만들어 먹어도 괜찮아요. 제가 가족들에게 스파게티를 만들어 줄 수 있어요. 엄마, 저는 요리를 맛있게 한답니다.

단어 听说 tīngshuō 듣자 하니 ~라고 하다 / 意大利面 yìdàlìmiàn 스파게티

57p. 연습문제

1 ❶ 推荐　　　　　　❷ 安排 / 安静
　❸ 比赛　　　　　　❹ 卖光
　❺ 坐满

2 ❶ 그녀가 꽃을 좋아하니, 아무래도 그녀에게 꽃을 선물하는 것이 좋겠다.
　❷ 그들 둘은 음식을 모조리 먹어 버렸다.
　❸ 우리 저녁 먹으러 가자. 그렇지 않으면 영화를 보러 가는 것도 좋아.
　❹ 열심히 노력하면, 유창하게 말할 수 있다.
　❺ 내 향수는 다 썼으니, 네 것을 좀 빌려 쓰자.

3 ❶ 还是下个周末看更有名的比赛吧。
　❷ 要不在家做菜吃也行。
　❸ 只要喜欢中国菜就可以。
　❹ 我们要订的票都卖光了。
　❺ 只要妈妈同意，我就去中国。

58p. Mini OPIc

Q1. 我将为您提供一个情景。请表演一下。这个周末你打算跟朋友去看足球比赛。给朋友打电话问3~4个问题，留言一下。

모범답안

　　喂，你好！我是金允熙。这个周末一起去看足球比赛我们约好了吧，我想问几个问题。你想看几点的？有下午一点的和六点的，你告诉我吧。还有你开车去还是坐车去？那时候，我觉得路上太堵车，还是坐车去吧。最后，看完比赛以后我们一起吃顿饭，怎么样？我要订饭馆。

해석 여보세요? 나 김윤희야. 이번 주말에 우리 함께 축구 경기 보러 가기로 약속했잖아. 나 몇 가지 물어보고 싶은 것이 있어. 너는 몇 시 경기를 보고 싶니? 오후 1시와 6시 경기가 있어. 나에게 알려 줘. 그리고 너는 직접 운전해서 갈 거야, 아니면 차 타고 갈 거야? 그때는 길에 차가 많이 막힐 것 같아. 아무래도 차 타고 가는 것이 좋을 것 같아. 마지막으로 경기를 보고 나서 우리 함께 식사하는 것은 어때? 내가 음식점을 예약해 놓으려고 해.

단어 告诉 gàosu 알려 주다 / 还是 háishi 아무래도 ~하는 것이 낫겠다 / 堵车 dǔchē 차가 막히다

Q2. 对不起，请你解决一个问题。听售票员说，票都卖光了。那怎么办？给朋友打电话说一下情况，然后建议解决的方法。

모범답안

　　喂，我是金允熙。我又打电话了，是个坏消息。我们要订的票都卖光了。听售票员说有第二排中间的，那个座位也还行。可不可以订那个位子？要是你不愿意的话，下次去看吧。还是下个周末看更有名的比赛吧。那场比赛是决赛，更有意思。

해석 여보세요? 김윤희야. 내가 또 전화를 했는데, 나쁜 소식이야. 우리들이 예약하려고 했던 표가 모두 매진이 되었어. 매표원이 말하기를 두 번째 줄 중간 자리가 있는데, 그 자리도 그런대로 괜찮대. 그 자리를 예약해도 될까? 만약에 네가 원하지 않는다면, 다음번에 보러 가자. 아무래도 다음 주 주말에 더 유명한 경기를 보는 편이 나을 것 같아. 그 경기는 결승전인데, 더욱 재미있어.

단어 要是~的话 yàoshi~dehuà 만약에 ~라면 / 下次 xiàcì 다음번 / 愿意 yuànyì ~하기를 원하다

Day6

64p. OPlc중국어 실전공략

Q1. 请介绍你们国家的季节。能不能说你们国家的夏天和冬天? 夏天和冬天的天气怎么样?

모범답안

　　韩国的季节由四个季节组成，就是春天、夏天、秋天、冬天。其中，韩国的夏天和冬天天气有明显的特色。夏天又热又潮湿，平均摄氏30度左右。那时候，一般大家休假去海边或山上等地方避暑。韩国的夏天有雨季，那时候动不动就下雨。对韩国的冬天来说，从初冬天开始冷。一般12月末开始下大雪，到第二年初春有时候下雪。温度降到零下，江原道经常下暴雪。这个冬天很多人休假去那儿滑雪。

해석 한국의 계절은 네 개의 계절로 이루어져 있습니다. 바로 봄, 여름, 가을, 겨울입니다. 그중에서 한국의 여름과 겨울의 날씨는 명확한 특색이 있습니다. 여름은 덥고 습하며, 평균온도는 섭씨 30도쯤 됩니다. 그때 일반적으로 많은 사람들이 휴가를 내서 해변이나 산 등으로 더위를 피하러 갑니다. 한국의 여름은 장마철이 있는데, 그때는 걸핏하면 비가 내립니다. 한국의 겨울을 말하자면, 초겨울부터 추워지기 시작합니다. 보통 12월 말에 눈이 많이 내리기 시작해서, 그 다음 해 이른 봄까지도 가끔 눈이 내립니다. 기온은 영하까지 떨어지고, 강원도에는 자주 폭설이 내립니다. 겨울에 많은 사람들이 휴가를 내서 그곳으로 스키를 타러 갑니다.

단어 明显 míngxiǎn 명확하다 / 雨季 yǔjì 장마철 / 江原道 Jiāngyuándào 강원도

Q2. 夏天和冬天的时候，韩国人常爱做什么活动? 请详细说明一下。

모범답안

　　韩国人一般夏天很喜欢去海滩。韩国的夏天热得不得了，人们去海滩避暑。海滩是一个理想的逃离夏天的地方。旺季酒店和度假村早早就预订满了，所以聪明和勤劳的人应该提前预订度假计划。冬天跟夏天不一样，冬天人们到一个温暖的地方去玩儿。但是，对喜欢滑雪，滑冰，滑板的人来说，那个季节是绝好的。在韩国有许多冬季运动爱好者可以去的国际水准的滑雪胜地。每年冬天，韩国的主妇非常忙，因为主妇一般冬天做泡菜。

해석 한국인들은 일반적으로 여름에 해변에 가는 것을 좋아합니다. 한국의 여름은 무척 더워서 사람들이 해변으로 피서를 갑니다. 해변은 여름 탈출에 완벽한 곳입니다. 성수기에는 호텔과 리조트 예약이 일찌감치 꽉 차 버려서, 현명하고 부지런한 사람은 반드시 미리 휴가 계획을 세워 예약합니다. 겨울은 여름과 다르게, 사람들이 따뜻한 곳으로 놀러 갑니다. 그러나 스키, 스케이트, 스노보드를 좋아하는 사람의 입장에서는 그 계절은 매우 좋은 때입니다. 한국에는 겨울 운동 마니아들이 갈 수 있는 국제 수준의 많은 스키장이 있습니다. 매년 겨울에, 한국의 주부들은 매우 바쁩니다. 왜냐하면 주부들은 보통 겨울에 김치를 담그기 때문입니다.

단어 海滩 hǎitān 해변 / 度假村 dùjiàcūn 리조트 / 滑雪胜地 huáxuě shèngdì 스키장

Q3. 有没有对天气难忘的经历? 如果有的话，当时的天气怎么样? 究竟发生了什么事情? 请讲一下那个经历。

모범답안

　　我还记得那天的事情。两年以前，为了参加一个亲密的朋友的婚礼，我很早就从家出发了。因为中午一点在釜山有那个婚礼，我要坐火车去。那天是冬天，前一天晚上雪下得很大。我一般一下雪就扫雪，那天晚上下雪我不知道。我早上从家出来的时候，才发现。路上很滑，我慢慢儿地、小心地走路。可我突然滑倒在路上了，把我的脸撞在地面上。我的腿扭伤了，额头也受伤了。我从来没见过那么多，那么美丽的星星。伤得太厉害，我得去医院。我的腿打了石膏，我的额头伤口缝了几针。我不能去参加婚礼。那天是对我来说的最倒霉的一天。

해석 저는 그날의 일을 아직도 기억합니다. 2년 전에, 친한 친구의 결혼식에 참석하기 위해서 저는 집에서 일찍 출발했습니다. 오후 1시에 부산에서 결혼식이 있어서 저는 기차를 타고 가야 했기 때문입니다. 그날은 겨울이었는데

전날 저녁에 눈이 많이 내렸습니다. 저는 보통 눈이 내렸다 하면 바로 치우는데, 그날 저녁에는 눈이 온 것을 몰랐습니다. 저는 아침에 집에서 나올 때에서야 발견을 했습니다. 길이 미끄러워서 저는 천천히, 조심스럽게 걸었습니다. 그러나 갑자기 저는 길에서 미끄러졌고, 저의 얼굴은 땅에 부딪혔습니다. 제 다리는 삐었고, 이마에도 상처가 났습니다. 저는 여태 그렇게 많고, 그렇게 아름다운 별을 본 적이 없었습니다. 상처가 너무 심해서 저는 병원에 가야만 했습니다. 저는 다리는 깁스를 했고 이마의 상처는 몇 바늘 꿰매었으며, 결혼식에는 참석할 수 없었습니다. 그날은 저에게 있어서는 가장 운이 없는 날이었습니다.

단어 扭伤 niǔshāng 삐다, 접질리다 / 打石膏 dǎ shígāo 깁스하다

67p. 연습문제

1 ❶ 夏天 / 冬天　　❷ 潮湿
　❸ 祭祀 / 拜年　　❹ 松糕
　❺ 暴雪

2 ❶ 발표할 때 잊어버리지 않도록 발표하기 전에 준비를 잘해라.
　❷ 땀을 흘리는 당신이야말로 정말 멋진 사람이다.
　❸ 중국은 56개의 민족으로 구성되어 있다.
　❹ 너희는 벌써 다 컸으니, 걸핏하면 싸우고 그러지 마라.
　❺ 후회하지 않게, 먼저 맛을 보고 사세요.

3 ❶ 那时候动不动就下雨。
　❷ 春节和中秋节才是对韩国人最重要的节日。
　❸ 韩国的季节由四个季节组成。
　❹ 要早点儿预订火车票或车票，省得票卖光了，买不到。
　❺ 他最近怎么了？动不动就发脾气。

68p. Mini OPIc

Q1. 你们国家有哪种法定假日？请介绍一下法定假日。

모범답안

　韩国的法定假日是基于阳历和阴历两种。在农历公休日通常是传统节日，比如春节、中秋节等等。但是，如独立日和显忠日等之类的国家公休日是按照阳历。春节和中秋节是对韩国人最重要的节日。春节是阴历一月一号，中秋节是阴历八月十五号。这两个节日的法定假日各有三天，很多人回故乡见亲人、扫墓。但是最近很多韩国人相信基督教，圣诞节也成为了法定假日。圣诞节跟别的西方国家一样，十二月二十五号。

해석 한국의 공휴일은 양력과 음력에 기반을 두고 있습니다. 음력에 있는 공휴일들은 보통 전통 명절로, 예를 들어 설날, 추석 등입니다. 그러나 광복절과 현충일과 같은 국가 공휴일은 양력을 따릅니다. 설날과 추석은 한국인에게 가장 중요한 명절입니다. 설날은 음력 1월 1일이고, 추석은 음력 8월 15일입니다. 이 두 명절의 공식 휴일은 각각 3일인데, 많은 사람들이 고향으로 돌아가서 가족을 만나고 성묘를 합니다. 그러나 요즘 많은 한국인들이 기독교를 믿어서 크리스마스 또한 공식적인 공휴일이 되었습니다. 크리스마스는 다른 서양의 나라들과 마찬가지로 12월 25일입니다.

단어 法定假日 fǎdìng jiàrì 법정 공휴일 / 独立日 Dúlìrì 광복절 / 忠忠日 Xiǎnzhōngrì 현충일 / 扫墓 sǎomù 성묘 / 圣诞节 Shèngdànjié 크리스마스, 성탄절

Q2. 节日一般做什么活动？常爱吃什么样的饮食？请详细说明一下。

모범답안

　春节和中秋节才是对韩国人最重要的节日。那时候，全家人聚在一起热热闹闹地吃特别的菜，进行特别的活动。这样的节日很多人回故乡，所以要早点儿预订火车票或车票，省得票卖光了，买不到。

　春节的早上家人祭祀，孩子们给大人拜年。拜年能收到压岁钱，孩子们期待这个时刻。春节的早上人们吃年糕汤，韩国人相信吃一碗年糕汤，就长一岁。吃完了后，就去扫墓。韩国的春节做各种各样的游戏，其中风筝和翻板子游戏是最受欢迎的。中秋节跟春节的祭祀、扫墓差不多。但是，那个节日时吃松糕，中秋节前一天全家团圆，聚在一起做松糕。

　韩国的传统节日，家人的团聚能够让人在精神上得到慰籍和满足。全家互敬互爱，围坐在餐桌旁是最幸福的时刻。

해석 설날과 추석이야말로 한국인에게 가장 중요한 명절입니다. 그때는 온 가족이 함께 모여 떠들썩하게 특별한 음식을 먹고, 특별한 활동을 합니다. 이러한 명절에는 많은 사람들이 고향으로 돌아갑니다. 그래서 표가 매진되어 못 사게 되지 않도록 일찌감치 기차표나 버스표를 예매해야 합니다.

설날 아침에는 가족들이 차례를 지내고, 아이들은 어른들에게 세배를 합니다. 세배를 하면 세뱃돈을 받을 수 있어서, 아이들은 이 시간을 기대합니다. 설날 아침에 사람들은 떡국을 먹는데, 한국인은 떡국 한 그릇을 먹으면 나이를 한 살 먹는다고 믿습니다. 식사를 다 한 후에는 성묘

를 하러 갑니다. 한국의 설날에는 각양각색의 게임을 하는
데 그중에서 연날리기와 윷놀이가 가장 인기가 있습니다.
추석은 설날의 차례와 성묘는 거의 같습니다. 그러나 그
명절에는 송편을 먹는데, 추석 전날 온 가족이 모여 만듭
니다.

한국의 전통 명절에 가족들이 모두 모이는 것은 정신적
인 위안과 만족을 얻을 수 있습니다. 온 가족이 서로 존경
하고 서로 사랑하며, 식탁에 둘러앉은 것은 가장 행복한
시간입니다.

단어 故乡 gùxiāng 고향 / 压岁钱 yāsuìqián 세뱃돈 /
风筝 fēngzhēng 연날리기 / 翻板子游戏 fān bǎnzi yóuxì
윷놀이[= 尤茨游戏 yóucí yóuxì]

**Q3. 有没有对节日难忘的经历？如果有的话，什么节
日？那时候你做什么了？究竟发生了什么事情？请讲
一下那个经历。**

모범답안

对春节来说，我总是期待那个节日，因为我能见
到从很远的地方来的亲戚。而且，那个节日能收到父
母、叔叔、姑姑、亲戚给的压岁钱。那时候，大概我
小学一年级。爷爷，奶奶给了庆祝我升小学的大钱。
我带着那个钱去扫墓。回家的时候，我发现了我的钱
没有了。我找了半天也没找到，所以我怀疑我弟弟，
我跟他吵架。我和我弟弟都被妈妈骂了，我们俩哭
着，那时候我看见了我家的小狗叼着钱包玩儿。小狗
捡了我的钱包，我对不起我弟弟。我想起那时候的事
情，不由自主地笑起来。

해석 설날에 대해 말하자면, 저는 항상 이 명절을 고대합
니다. 왜냐하면 먼 곳에서 온 친척들을 만날 수 있기 때문
입니다. 게다가 그 명절에는 부모님, 삼촌, 고모, 친척께서
주시는 세뱃돈을 받을 수 있기 때문입니다. 그때는 대략
초등학교 1학년 때입니다. 할아버지, 할머니께서 제가 초
등학교에 입학한 것을 축하하시며 큰돈을 주셨습니다. 저
는 그 돈을 가지고 성묘를 갔습니다. 집에 돌아왔을 때, 저
는 제 돈이 없어진 것을 발견했습니다. 저는 오랫동안 찾
아도 찾을 수 없어서 제 남동생을 의심했습니다. 저는 남
동생과 싸워서 우리는 엄마에게 혼이 났습니다. 우리 둘이
울고 있는데, 그때 우리 집 강아지가 지갑을 물고 노는 것
을 보았습니다. 강아지가 제 지갑을 주운 것이었습니다.
저는 제 남동생에게 미안했습니다. 저는 그때의 일을 생각
하면 저절로 웃음이 나옵니다.

단어 怀疑 huáiyí 의심하다 / 叼 diāo 입에 물다 / 不由自主
bùyóuzìzhǔ 자기도 모르게, 저절로, 자기 뜻대로 되지 않다

Day7

76p. OPIc중국어 실전공략

Q. 请讲一讲你最难忘的出差经历。

모범답안

我在国际事务部工作，经常去外国出差。去年
我去上海出过差。那天是跟我同事一起去的。我们是
去参加世界博览会的。我以前学过汉语，在上海的出
差是用汉语办事的好机会。办完了以后，我们开会。
那个会议比较晚了，所以没有观光的时间。但是在上
海的职员抽时间陪我们去观光。我平时对中国文化很
感兴趣，我们能看京剧。京剧演得非常精彩，我感动
了。看完了以后，我们去茶叶店买茶。因为我爱人平
时爱喝茶，她让我买茶。我们去中餐厅，我们在那家
餐厅一边吃饭，一边聊天儿。那家餐厅的菜又好吃又
便宜。我忘不了那天。有机会的话，下次一定要去中
国旅游。

해석 저는 해외사업팀에서 일을 해서, 자주 외국으로 출
장을 갑니다. 저는 작년에 상하이로 출장을 간 적이 있습
니다. 제 동료와 함께 갔었는데, 엑스포에 참가하기 위해
서 간 것이었습니다. 저는 이전에 중국어를 배운 적이 있
어서, 상하이 출장은 중국어로 업무를 처리해 보는 좋은
기회였습니다. 일을 마친 후 우리는 회의를 했는데, 회의
가 비교적 늦게 끝나는 바람에 관광을 할 시간이 없었습니
다. 그러나 상하이의 직원이 시간을 내서 우리를 데리
고 관광을 해 주었습니다. 저는 평소에 중국 문화에 관심
이 있었습니다. 우리는 경극을 볼 수 있는데, 경극 공연
이 매우 훌륭해서 저는 감동을 했습니다. 공연을 본 후, 우
리는 찻잎 가게로 차를 사러 갔습니다. 아내가 평소에 차
를 즐겨 마시는데, 그녀가 저에게 차를 사 오라고 했기 때
문입니다. 우리는 중국음식점에 갔습니다. 그곳에서 식사
를 하면서 이야기를 했습니다. 그 음식점의 요리는 맛도
있고 가격도 저렴했습니다. 저는 그날을 잊을 수가 없습니
다. 기회가 된다면 다음에 중국으로 꼭 여행을 갈 것입니다.

단어 国际事务部 guójì shìwùbù 해외사업팀 / 办 bàn 처
리하다 / 演 yǎn 공연하다, 연기하다 / 感动 gǎndòng 감동
하다 / 忘不了 wàngbuliǎo 잊을 수 없다 / 一定 yídìng 반
드시

77p. 연습문제

1 ❶ 世界博览会　　　❷ 精彩
　 ❸ 充实　　　　　　❹ 爬山 / 跑步
　 ❺ 愉快

2 ❶ 나는 중국 요리를 먹은 적이 있다.
　❷ 나는 책을 보면서 음악을 듣는다.
　❸ 나 혼자 갔었다.
　❹ 어떤 때는 중국어를 공부하고, 어떤 때는 잠을 잔다.
　❺ 나는 노래를 부르면서 춤을 춘다.

3 ❶ 周末有时候我一个人去爬山，有时候去公园跑步。
　❷ 去年我去上海出过差。
　❸ 我们一边喝咖啡，一边聊天儿。
　❹ 我是跟同事一起去的。
　❺ 我是去上海工作的。

78p. Mini OPIc

Q. 你周末过得怎么样？请详细说一说你的周末生活。

🔖모범답안

　　我平时从星期一到星期五工作，所以周末可以好好儿休息。我的周末安排得很充实。我家离公司比较远，平时五点半起床。星期六我起得比较晚，9点起床。平时没有运动的时间，周末有时候我一个人去爬山，有时候去公园跑步。因为是我朋友不太喜欢运动。上次我去北韩山爬山了，那座山的风景很美。爬山对身体有很多好处，其中爬山可以减肥。上个周末我是跟朋友一起看电影的。我们特别喜欢看爱情片，那时候看了《不能说的秘密》。我们看电影以后，一边喝咖啡，一边聊天儿。最近开始学汉语，长笛。我觉得，除非过很愉快的周末，我的心情才能变得好。而且平时的工作也越来越顺利。

▶해석 저는 평소에 월요일부터 금요일까지 일을 해서, 주말에는 푹 쉴 수가 있습니다. 저는 주말을 충실하게 계획합니다. 저희 집은 회사에서 비교적 멀기 때문에 평소에는 5시 30분에 일어나지만, 토요일에는 비교적 늦게 9시에 일어납니다. 평소에 운동할 수 있는 시간이 없어서, 주말에 어떤 때는 저 혼자서 등산을 하러 가고 어떤 때는 공원에 조깅을 하러 갑니다. 왜냐하면 제 친구는 운동하는 것을 별로 좋아하지 않기 때문입니다. 저번에 저는 북한산에 등산을 갔습니다. 그 산의 풍경은 매우 아름다웠습니다. 등산은 몸에 이로운 점이 매우 많은데, 그중 등산은 다이어트를 할 수 있습니다. 지난 주말에는 친구와 함께 영화를 봤습니다. 우리는 멜로영화 보는 것을 특히 좋아하는데, 그때는 '말할 수 없는 비밀'을 봤습니다. 영화를 본 후에는 커피를 마시면서 이야기를 나누었습니다. 최근에는 중국어와 플루트를 배우기 시작했습니다. 저는 즐거운 주말을 보내야 제 기분이 좋아지는 것 같습니다. 게다가 평상시의

일도 점점 순조로워집니다.

Day8

Q. 你觉得什么样的人是健康的人？你或者你周围的人怎么样？为了保持健康要做什么？请说明你或者别人为了保持健康所做的事情。

🔖모범답안

　　对我来说，健康的人是身体和心态都健康的。健康的人一般早睡早起，常常运动、调整饮食，而且参加业余活动、社会活动，保持乐观心态。我觉得健康的人不断改进自己，调整自己让自己保持健康。

　　我认识的很健康的人，就是我男朋友。他爱运动，好像运动员似的。他每天去健身房锻炼身体，每个周末早上跟他们公司的同事一起踢足球，他就是球迷。他不抽烟，不常吃快餐。我觉得他长得不太帅，但是他保持一个好的心情、乐观心态，总是带着微笑。

　　我觉得为了保持健康可以有很多方法。第一：为了身体健康，我每天要运动30分钟。或者，周末要爬山，跑步等等。不管是什么运动，只要你坚持下来，就能感受到身体上的变化，让你感受到运动的魅力。第二：为了保持健康，要调整饮食。平时多喝水，一天要吃三顿，其中一定要吃午饭。中国俗话说："早吃好，午吃饱，晚吃少"。还有不要偏食，尽量不要吃快餐。最后的方法是保持乐观的心态。最近现代的人受到很多压力。所以保持一个好的心情是让人幸福的方法，心情好的话，就健康。我觉得坚持这种方法，就会保持健康。

▶해석 제 생각을 말씀드리자면, 건강한 사람은 신체와 심리 상태가 모두 건강한 사람이라고 생각합니다. 건강한 사람은 일반적으로 일찍 자고 일찍 일어나며, 자주 운동을 하고 음식을 조절합니다. 게다가 여가 활동과 사회 활동에 참여하며, 낙관적인 마음을 유지합니다. 저는 건강한 사람은 계속 자신을 변화시키고 자신을 조절하면서, 스스로 건강을 유지한다고 생각합니다.

　　저는 건강한 사람을 알고 있는데, 바로 제 남자 친구입니다. 그는 운동하는 것을 좋아하는데 마치 운동선수 같습니다. 그는 매일 헬스클럽에 가서 운동을 하고, 매주 주말

아침마다 회사 동료와 축구를 합니다. 그는 축구광입니다. 그는 담배를 피우지 않고, 패스트푸드를 자주 먹지 않습니다. 제 생각에 그는 별로 잘생기지는 않았지만, 좋은 기분과 낙관적인 마음을 유지하고, 항상 미소를 띠고 있습니다.

저는 건강을 유지하는 데에는 여러 가지 방법이 있다고 생각합니다. 첫째, 몸이 건강하기 위해서는 매일 30분 동안 운동을 해야 합니다. 또는 주말에 등산이나 조깅 등을 해야 합니다. 어떤 운동이든 계속하기만 하면 신체의 변화를 느낄 수 있고, 운동의 매력을 느끼게 됩니다. 둘째, 건강을 유지하기 위해서는 음식을 조절해야 합니다. 평소에 물을 많이 마시고, 하루 세 끼를 먹어야 합니다. 그중 아침은 꼭 먹어야 합니다. 중국의 옛말에 '아침은 알차게 먹고, 점심은 배불리 먹으며, 저녁은 적게 먹는다.'라는 말이 있습니다. 그리고 편식을 하지 않고, 되도록 패스트푸드는 먹지 말아야 합니다. 마지막 방법은 낙관적인 마음을 유지하는 것입니다. 최근 현대인들은 많은 스트레스를 받습니다. 그래서 좋은 기분을 유지하는 것이 행복해지는 방법입니다. 기분이 좋으면 건강해집니다. 이런 방법들을 지속해 나간다면 건강을 유지할 수 있을 것입니다.

▶단어 对我来说 duì wǒ lái shuō 제 입장에서 말하자면 / 改进 gǎijìn 고쳐서 개선하다 / 变化 biànhuà 변화 / 其中 qízhōng 그중 / 俗话 súhuà 옛말, 속담

85p. 연습문제

1 ❶ 早睡早起 / 调整   ❷ 快餐
  ❸ 搬家   ❹ 原谅
  ❺ 突然

2 ❶ 나는 이곳에서 너를 만나게 될 줄 꿈에도 생각 못했다.
  ❷ 네가 깨워 주어서 다행이지, 그렇지 않았다면 나는 지각했을 것이다.
  ❸ 집 한 채를 사기 위해, 그는 현재 돈을 모으고 있다.
  ❹ 그녀는 나에게 시장에 가서 과일을 사 오라고 했다.
  ❺ 우산을 가지고 갔으니 다행이지, 그렇지 않았다면 나는 집에 돌아올 방법이 없었을 것이다.

3 ❶ 为了身体健康，每天要运动30分钟。
  ❷ 我没想到突然有了急事儿。
  ❸ 健康的人不断改进自己，调整自己让自己保持健康。
  ❹ 幸好我来得及时，不然她就危险了。
  ❺ 为了学好汉语，我每天看中国报纸。

86p. Mini OPIc

Q. 你一般有什么样的约会？有没有不能兑现承诺的经历。什么样的约会？为什么不能兑现承诺？怎么解决？请详细说一说。

▶모범답안

我一般跟朋友有约会，约好吃饭、看电影，去旅游等等。有时候有会议，跟同事有约会，还有参加聚会。我觉得自己就是信守承诺的人，有约会的时候准时来，记得约会。但是最近我有一次没有兑现我的承诺。我没想到突然有了急事儿。那时候我约好了帮我的朋友搬家。搬家的那天，我早点儿出发了，不过我接到我妹妹的电话。我妹妹怀孕了，她说孩子马上就要生了，她爱人去出差了。我不得不回我妹妹家，陪她去医院。幸好我来得及时，不然她就危险了。解决那个事情以后，我赶快去我朋友家。我到了的时候，都搬完了。我把这件事从头至尾讲给他听。听完了以后，我朋友原谅我了。我请大家大吃了一顿。

▶해석 저는 일반적으로 친구와 만남을 가집니다. 약속을 해서 식사를 하거나 영화를 보고, 여행을 가기도 합니다. 때로는 회의가 있어서 동료와 만남을 가지기도 하고, 또한 모임에 참가하기도 합니다. 저는 스스로가 약속을 잘 지키는 사람이라고 여겼습니다. 약속이 있으면 제시간에 오고, 약속을 잘 기억합니다. 그러나 최근에 약속을 한 번 지키지 못한 적이 있습니다. 저는 갑자기 급한 일이 생기리라고는 생각도 못했습니다. 그때 저는 제 친구의 이사를 돕기로 약속을 했습니다. 이사를 하는 그날, 저는 일찍 출발을 했습니다. 그러나 제 여동생의 전화를 받았습니다. 제 여동생은 임신 중이었습니다. 동생은 아이가 곧 나올 것 같은데 남편은 출장을 갔다고 했습니다. 저는 어쩔 수 없이 제 여동생의 집으로 가서 그녀를 데리고 병원으로 갔습니다. 제가 제시간에 왔기에 다행이지, 그렇지 않았다면 그녀는 위험했을 것입니다. 그 일을 해결하고 난 후에 저는 서둘러서 제 친구의 집으로 갔습니다. 제가 도착했을 때는 이사가 이미 끝나 있었습니다. 저는 그 일의 자초지종을 그에게 들려 주었습니다. 이야기를 듣고 난 후, 제 친구는 저를 용서해 주었고, 저는 모두에게 크게 한턱을 냈습니다.

▶단어 搬家 bānjiā 이사를 하다 / 怀孕 huáiyùn 임신하다 / 出差 chūchāi 출장을 가다 / 不得不 bùdébù 어쩔 수 없이 / 从头至尾 cóng tóu zhì wěi 자초지종, 처음부터 끝까지

Day9

Q. 调查中表明你喜欢去旅行。请讲一讲最难忘的旅行经历。什么时候去的？去哪儿了？跟谁去的？做了什么？请详细讲一讲。

▶모범답안

　　一般我喜欢一个人去旅行，周末的时候去离我家不远的郊区游玩儿，放假的时候也我一个人去国外或国内去旅行。但是我最近跟爸爸一起去旅行了。我爸爸近来退休以后，看起来情绪比较低落，所以我建议他一起去旅游。

　　第一次我跟我爸爸一起去济州岛旅行了。其实我也从来没去过那儿。我们一到了济州岛就被震撼了。那儿的景色别提多美丽了，我的心也别提多高兴了。济州岛异域风情的自然景色和多种多样的特色景点把我们吸引了。我跟爸爸一起去汉拿山，我们看到了那儿的多种奇石，还有瀑布等等。我们一边看那儿的风景一边聊天儿，感到很轻松。济州岛不但有各种美丽的自然风光，而且还有各种娱乐项目。我爸爸平时喜欢钓鱼，所以在那儿划船，钓鱼了。对了！我们去那儿旅行，顺便买了很有名的特产品。

　　济州岛的旅行是最难忘的旅行。因为第一次跟爸爸一起去旅行的，而且对我来说，让我度过了难忘的美好的时光。

▶해석 저는 보통 혼자서 여행하는 것을 좋아합니다. 주말에는 집에서 멀지 않은 교외로 나가서 놀고, 휴가 때도 혼자서 국외 혹은 국내로 여행을 갑니다. 그러나 최근 아버지와 함께 여행을 갔습니다. 저희 아버지께서 최근에 퇴직을 한 이후 우울해하시는 것 같아서, 제가 아버지께 함께 여행을 가자고 했지요.

처음으로 아버지와 함께 제주도로 여행을 갔습니다. 사실 저도 여태 그곳을 가 본 적이 없었습니다. 우리들은 제주도에 도착하자마자 감동을 했습니다. 그곳의 풍경은 말도 못하게 아름다웠고, 제 마음 또한 말도 못하게 기뻤습니다. 제주도의 이국적인 풍경의 자연경관과 각양각색의 특색 있는 장소가 우리들을 매료시켰답니다. 저와 아버지는 한라산에 함께 갔는데, 그곳에서 많은 기이한 석굴과 폭포 등을 보았습니다. 우리는 그곳의 풍경을 보면서 담소를 나누었는데, 매우 편안했습니다. 제주도는 각종 아름다운 자연 풍경뿐만 아니라, 여러 오락 프로그램이 준비되어 있었습니다. 저희 아버지는 평소에 낚시를 좋아하셔서, 그곳에서 배를 타고 낚시도 했습니다. 참, 우리는 그곳으로

여행간 김에 유명한 특산품도 샀습니다.

제주도 여행은 가장 잊을 수 없는 여행입니다. 왜냐하면 처음으로 아버지와 함께한 여행이고, 제게 있어서도 잊을 수 없는 좋은 시간을 보낼 수 있었기 때문입니다.

▶단어 情绪低落 qíngxù dīluò 우울하다 / 震撼 zhènhàn 감동시키다 / 汉拿山 Hànnáshān 한라산 / 娱乐项目 yúlè xiàngmù 오락 프로그램 / 度过 dùguò (시간을) 보내다

93p. 연습문제

1
① 钓鱼
② 异域风情 / 吸引
③ 跳舞
④ 不断
⑤ 健脑

2
① 어제 우리는 두 시간 동안 텔레비전을 보았다.
② 내 남동생은 노래를 잘하지 못한다.
③ 지금 내 마음이 얼마나 긴장되는지 말도 마라!
④ 너 시장에 가는 김에 먹을 것 좀 사서 와 줘.
⑤ 곧 기말고사이다. 얼마나 걱정되는지 말도 마라!

3
① 我去那儿旅行，顺便买了很有名的特产品。
② 你跳舞跳得怎么样？
③ 到了那儿的时候，别提多高兴了。
④ 你跳舞跳了多长时间了？
⑤ 去书店，我顺便看看有什么好书。

94p. Mini OPIc

Q. 我也喜欢跳舞。问3～4个问题了解一下我现在学的舞。

▶모범답안

　　哇！听说你爱跳舞，我别提多高兴了！我是一个性格活泼的女孩儿，非常喜欢跳舞。我大学一年级的时候，学校组织联欢会，我们班准备了一个舞蹈节目，虽然练习了很久，但还是很紧张。从那次以后，我才了解到跳舞不是这么简单，每天都要不断地练习。我跳舞跳了5年多了，你跳舞跳了多长时间了？在哪儿学的？你跳舞跳得怎么样？我最近开始学爵士舞，你现在跳什么样的舞？我觉得跳舞既能健身健脑，又能让人神清气爽，你的感觉怎么样？你有时间的话，我们一起去跳舞吧！

▶해석 와! 당신이 춤추는 것을 좋아한다는 말을 들으니, 제가 얼마나 기쁜지 말도 마세요! 저는 성격이 활발한 아이로, 춤추는 것을 매우 좋아합니다. 제가 대학교 1학년 때,

학교에서 축제를 했는데, 우리 반은 댄스 프로그램을 준비했습니다. 비록 연습을 오래 하기는 했지만, 여전히 긴장을 했었죠. 그때 이후, 저는 춤이 그렇게 간단한 것이 아니라는 걸 알 수 있었고, 매일 끊임없이 연습을 했어요. 저는 춤을 춘 지 5년이 좀 넘어요. 당신은 춤을 춘 얼마나 되었나요? 어디에서 배웠지요? 춤 실력은 어느 정도인가요? 저는 요즘 재즈댄스를 배우기 시작했는데, 당신은 어떤 춤을 추나요? 제 생각에 춤은 몸과 마음을 건강하게 하고, 또 기분도 상쾌하게 하는 것 같아요. 당신의 느낌은 어떤가요? 시간이 된다면, 우리 함께 춤을 추러 가요!

단어 联欢会 liánhuānhuì 축제, 친목회 / 舞蹈节目 wǔdǎo jiémù 댄스 프로그램 / 爵士舞 juéshìwǔ 재즈댄스 / 既～又～ jì~ yòu~ ~하기도 하고 ~하기도 하다

Day10

100p. OPIc중국어 실전공략

Q. 调查中表明你喜欢做菜。你会做什么菜？怎么做？请详细讲一讲。

모범답안

　　我真的很喜欢做菜。其中，鸡蛋炒饭既简单又好吃。我来介绍一下它的做法。需要的原料是：米饭、鸡蛋，要准备的佐料是：油、盐、番茄酱。很简单。首先，把鸡蛋打碎，放在碗里，然后加热平底锅，放一点油。把鸡蛋放到锅里，炒一下。加一点盐，鸡蛋炒熟以后，把米饭倒进去。炒3分钟以后，就行了。对了！把炒饭盛到盘子里，在上面放一点番茄酱。这样鸡蛋炒饭就做好了！我做得很好吃，想吃吧？是不是流口水了啊？

해석 저는 요리하는 것을 정말 좋아합니다. 그중에서 달걀볶음밥은 간단하고 맛있습니다. 제가 그것의 요리법을 소개해 보겠습니다. 필요한 재료는 쌀밥, 달걀이고, 준비해야 하는 조미료는 식용유, 소금, 토마토케첩입니다. 정말 간단합니다. 우선, 달걀을 깨어서 그릇에 담아 놓습니다. 그 다음에 프라이팬을 달군 후, 식용유를 약간 두릅니다. 달걀을 프라이팬에 넣고, 잠시 볶습니다. 소금을 조금 뿌린 후 달걀이 익으면 쌀밥을 넣습니다. 3분 정도 볶기만 하면 됩니다. 아! 볶음밥을 접시에 담고, 위에 케첩을 조금 뿌립니다. 이렇게 하면 달걀볶음밥이 완성됩니다. 제가 한 음식은 정말 맛있습니다. 먹고 싶죠? 군침이 돌지 않나요?

단어 其中 qízhōng 그중에서 / 做法 zuòfǎ 만드는 방법 / 盛 chéng 담다

1 ❶ 原料　　　　　　　❷ 盐 / 番茄酱
　 ❸ 睡懒觉　　　　　　❹ 邀请
　 ❺ 恢复

2 ❶ 우선 품질을 보고, 그 다음에 가격을 본다.
　 ❷ 그녀는 중국어를 말할 줄도 알고, 영어도 말할 줄 안다.
　 ❸ 그는 달러를 인민폐로 바꿨다.
　 ❹ 너의 옷은 옷걸이에 걸려 있다.
　 ❺ 나는 기차표를 그에게 건네주었다.

3 ❶ 我整天在家躺着看电视。
　 ❷ 先打电话约好时间，然后去。
　 ❸ 鸡蛋炒饭既简单又好吃。
　 ❹ 把鸡蛋放到锅里，炒一下。
　 ❺ 我没有躺着。

Q. 你说你在家度假，在家度假的时候，做什么活动？跟谁一起度假？请讲一讲在家度假的活动。

모범답안

　　度假的时候，我哪儿也不去就在家度假。有时候，我一个人在家看看书，做做家务或者睡懒觉，我整天在家躺着看电视。有时候，在家开晚会。先邀请朋友，然后我们一起吃饭、看电影。一边玩儿游戏一边聊天儿。我和我的朋友很喜欢运动，所以在我家庭院我们一起打羽毛球或者打乒乓球。这样的度假方式让我们沟通感情，而且能让我恢复体力，缓解压力。

해석 휴가를 보낼 때, 저는 어디도 가지 않고 집에서 휴가를 보냅니다. 어떤 때는 혼자 집에서 책을 보고 집안일을 하기도 하고, 혹은 늦잠을 자기도 하며 온종일 집에 누워서 텔레비전을 보기도 합니다. 어떤 때는 집에서 파티를 열기도 합니다. 우선 친구들을 초청하고, 그 다음에 우리들은 함께 밥을 먹고 영화를 봅니다. 게임을 하면서 이야기를 나누기도 합니다. 저와 제 친구는 운동하는 것을 좋아해서, 저희 집 정원에서 배드민턴을 치거나 탁구를 치기도 합니다. 이렇게 휴가를 보내는 방식은 우리에게 정을 나누게 합니다. 게다가 체력을 회복하고, 스트레스를 풀어주기도 합니다.

단어 庭院 tíngyuàn 정원, 뜰 / 羽毛球 yǔmáoqiú 배드민턴 / 乒乓球 pīngpāngqiú 탁구

Day11

108p. OPIc중국어 실전공략

Q. 请介绍一下你自己。

모범답안

　　我来介绍一下儿。我叫金美娜，生于1983年5月5号。我是在中国的上海工作的，现在在大韩公司工作。虽然偶尔会让我有一些压力，但是我很喜欢我的工作。我现在住在首尔，我家有五口人，爸爸、妈妈、两个哥哥和我。我是老小，是一个外向的人。我有一双大眼睛，脸白白的，个子比较矮。我身材不胖也不瘦。我又活泼又幽默，在我们公司里挺吃香，而且许多朋友们喜欢我。我的优点就是自信，自己相信自己。还有乐观、积极就是我最大的优点。说到我的缺点，那就是丢三落四，常常丢了这个，忘了那个。我的爱好是做菜，我做菜做得很好吃，尤其是中国菜。周末我在家给家人做菜，有机会的话，想在中餐补习班学中国菜。

해석　제 소개를 하겠습니다. 저는 김미나라고 합니다. 1983년 5월 5일에 태어났습니다. 저는 중국 상하이에서 일을 했었고, 지금은 대한회사에서 근무합니다. 비록 가끔 약간의 스트레스를 받기는 하지만, 저는 제 일을 좋아합니다. 저는 현재 서울에서 살고 있는데, 가족은 아버지, 어머니, 두 명의 오빠, 저 이렇게 다섯 식구입니다. 저는 막내이고, 외향적입니다. 매우 큰 눈을 가지고 있고, 얼굴은 하얗고, 키는 비교적 작습니다. 제 몸매는 뚱뚱하지도, 마르지도 않았습니다. 저는 활발하고 유머러스해서 회사에서 인기가 많고, 게다가 많은 친구들이 저를 좋아합니다. 저의 장점은 자신감입니다. 스스로를 믿는 것이지요. 또한 낙관적이고 적극적인 것이 저의 최대 장점입니다. 단점을 말하자면, 바로 덜렁대는 것입니다. 자주 이것저것 잃어버리거나 잊어버립니다. 제 취미는 요리하기입니다. 저는 요리를 무척 잘하는데, 특히 중국 요리를 잘합니다. 주말에 저는 집에서 가족들에게 요리를 해 줍니다. 기회가 생긴다면, 중국요리 학원에서 중국요리를 배워 보고 싶습니다.

단어　偶尔 ǒu'ěr 가끔 / 老小 lǎoxiǎo 막내 / 外向 wàixiàng 외향적이다 / 丢三落四 diūsān làsì 이것저것 빠뜨리다. 잘 잊어버리다

109p. 연습문제

1 ❶ 介绍　　　　❷ 老小 / 外向
　❸ 短发　　　　❹ 打交道
　❺ 宿舍

2 ❶ 그의 아이는 모두 똑똑한데, 특히 첫째가 똑똑하다.
　❷ 다른 사람이 어떻게 말하든 나는 그와 결혼할 것이다.
　❸ 이것은 제 작은 마음이에요. 받지 않으면 안 돼요.
　❹ 만약에 올 수 없으면, 나에게 전화해 줘.
　❺ 그가 가든 안 가든 관계없이 나는 갈 것이다.

3 ❶ 不管做什么事儿，我都很认真。
　❷ 我做菜做得很好吃，尤其是中国菜。
　❸ 如果有机会的话，我就想去世界各地照相。
　❹ 我身材不胖也不瘦。
　❺ 我们班的学生都爱说话，尤其是她。

110p. Mini OPIc

Q. 请介绍一下你自己。

모범답안

　　我来自我介绍一下儿。我叫朴英俊，今年25岁了，是大韩大学英文系3年级的学生。我的老家在大田，现在我住在首尔学校的宿舍。我家有四口人，有爸爸、妈妈，妹妹和我，我是老大。我有一头短发，一双不大不小的眼睛，学习的时候带着一副眼镜，个子比较高。我很喜欢跟人打交道，性格比较活泼。我的优点就是认真，不管做什么事儿，我都很认真。但是，缺点就是缺乏恒心，常常虎头蛇尾，不能坚持到底，因此失去了很多好机会。我的爱好是看电影，最近我开始学照相。这次我要一直学，如果有机会的话，我就想去世界各地照相。照相时，能发现我们的世界到处都是美丽的风景。

해석　제 소개를 해 보겠습니다. 저는 박영준이라 하고 올해 25살이며, 대한대학교 영문과 3학년 학생입니다. 저의 고향은 대전인데, 현재 저는 서울의 학교 기숙사에서 살고 있습니다. 저희 집은 아버지, 어머니, 여동생, 저 이렇게 네 식구이고, 저는 첫째입니다. 저는 짧은 머리와 크지도 작지도 않은 눈을 가지고 있고, 공부를 할 때는 안경을 씁니다. 키는 비교적 큰 편입니다. 저는 친구 사귀는 것을 좋아하고, 성격은 비교적 활발합니다. 저의 장점은 성실하다는 것입니다. 어떤 일을 하든지 항상 열심히 합니다. 그러나 단점은 바로 끈기가 부족한 것입니다. 자주 용두사미하며 끝까지 지속해 내지 못해서 좋은 기회를 잃습니다. 저의 취미는 영화를 보는 것인데, 최근에는 사진 찍는 것을 배우기 시작했습니다. 이번에는 계속 배워서, 만약 기회가 생긴다면 세계 각지에 가서 사진을 찍고 싶습니다. 사진 찍을 때는 세계 곳곳이 모두 아름다운 풍경인 걸 발견할 수 있어서 좋습니다.

단어 缺乏 quēfá 부족하다 / 虎头蛇尾 hǔtóu shéwěi 용두사미 / 到处 dàochù 곳곳, 도처

Day12

116p. OPIc중국어 실전공략

Q. 最近你进行了哪种项目？进行那个项目的时候，用了哪种高新技术？那个技术对项目有什么帮助，起了什么样的作用，请详细讲一讲。

模범답안

关于客户满意度，最近我们分公司进行了调查。然后，我们组制作了客户满意手册。那个手册一般每季度要被更新，那个内容又要有创意又要对客户有亲和力，因此项目太难。但是那个项目不用特别的高新技术，只是用电脑、由拟定调查表要用的一种数据表程序（Excell软件）计算机程序。我和我同事要把那个手册向副总经理，各部门负责人发表。为了发表得有效果并有趣，我使用了PowerPoint深刻视听资料的软件。说实话，演示那个文稿的时候，我太紧张了，全身冒汗了。但是那个项目的成功让我感到了工作的价值。

해석 고객만족도에 관하여 최근 우리 지사는 조사를 진행했습니다. 그리고 난 후, 우리 팀은 고객만족 매뉴얼을 만들었습니다. 그 매뉴얼은 보통 매 분기마다 업데이트해야 하고, 그 내용은 창의적이고 고객친화적이어야 합니다. 따라서 프로젝트 과정이 매우 어렵습니다. 그러나 그 프로젝트는 특별한 첨단기술이 필요하지 않았습니다. 단지 컴퓨터와 설문지 작성에 필요한 일종의 Excel 프로그램만 사용했습니다. 저와 제 동료는 그 매뉴얼을 부사장님과 각 부서의 책임자들께 프레젠테이션을 해야 했습니다. 효과적이고 재미있는 프레젠테이션을 위해, PowerPoint의 인상적인 시청각 자료를 사용했습니다. 솔직히 말해서 그 자료를 프레젠테이션할 때, 저는 무척 긴장해서 온몸에 땀이 났습니다. 그러나 그 프로젝트의 성공은 일의 보람을 느끼게 해 주었습니다.

단어 创意 chuàngyì 창의적이다 / 拟定 nǐdìng 작성하다 / 计算机程序 jìsuànjī chéngxù 컴퓨터 프로그램 / 负责人 fùzérén 책임자 / 演示 yǎnshì 프레젠테이션하다. 시범을 보이다

117p. 연습문제

1 ❶ 调查   ❷ 项目 / 价值
   ❸ 提供   ❹ 服务
   ❺ 帮助

2 ❶ 요즘 나는 자주 초과근무를 했다. 게다가 집안일까지 많아서 나는 병이 날 것 같다.
  ❷ 회사의 규정에 관해서 나는 정말 이해할 수 없다.
  ❸ 정말이지 나도 많은 돈을 벌고 싶다.
  ❹ 사장님을 포함하여 모두 오늘 회사 모임에 참가할 수 있다.
  ❺ 비가 많이 내리는 데다가 바람까지 많이 불어서 정말 춥다.

3 ❶ 包括我们组的组长，同事一共有八个人，所以感到很舒适。
  ❷ 加上，如果客户要的话，我们公司提供会说汉语也会说韩语的导游。
  ❸ 说实话，演示那个文稿的时候，我太紧张了，全身冒汗了。
  ❹ 关于客户满意度，最近我们分公司进行了调查。
  ❺ 说实话，我一直在爱你。

118p. Mini OPIc

Q. 调查中表明你是公司职员。请你说明一下你们的公司。请介绍一下你们公司的产品与服务。

模범답안

现在我在专门提供中国旅游服务的旅行社工作。我们公司在市厅，成立于1999年，在多个城市设立了分公司。我们公司的办公室在七楼，一进去你就能感受到大家认真工作的氛围。而且，包括我们组的组长，同事一共有八个人，所以感到很舒适。我们公司为旅行客户提供包价旅行，而且为去出差的客户提供一个日程安排的服务。加上，如果客户要的话，我们公司提供会说汉语也会说韩语的导游。中国是个很大的国家，所以有安排飞机、火车、船等很多事儿要做。我觉得这些服务会给客户提供很多帮助。

해석 현재 저는 중국 여행을 전문으로 하는 여행사에서 일을 합니다. 우리 회사는 시청에 위치해 있고 1999년에 창립되었으며 많은 도시에 지사를 설립했습니다. 우리 회사의 사무실은 7층에 있습니다. 들어가면 모두가 열심히 일하는 분위기를 느낄 수 있습니다. 그리고 우리 팀의 팀장님을 포함하여 동료가 모두 8명이어서 아늑합니다. 우리 회사는 여행 고객을 위해 패키지 여행을 제공하고, 출장 가는 고객을 위해 일정을 고려한 맞춤형 서비스를 제공합니다. 게다가 고객이 원한다면 우리 회사는 중국어와 한국어를 모두 할 줄 아는 가이드를 제공합니다. 중국은 정말 큰 나라여서, 비행기, 기차, 배 등 준비할 것이 많습니다. 제 생각에 이러한 서비스는 고객들에게 많은 도움이 될 것입니다.

단어 舒适 shūshì 아늑하다 / 安排 ānpái 안배하다, 분배하다, 배치하다 / 服务 fúwù 서비스 / 导游 dǎoyóu 가이드

Day13

124p. OPIc중국어 실전공략

Q. 调查中表明你是学生。学校在哪儿? 学校是什么样的? 有什么建筑物? 请详细讲一讲学校。

모범답안

我的学校在新村，学校附近有公园，绿化得非常好，也很安静。学校有办公楼、教学楼、健身房、还有博物馆等。进入学校，就出现一条街道。从学校正门看去，左边有图书馆，图书馆对面有学生会办公室。在那个办公室，学校俱乐部成员能参加各种活动。顺着校园的大路走，可以看到一个古朴的老式建筑。原来是主建筑，现在是展览馆。我的专业是经营系，我们教学楼旁边有一个很大的绿地操场，里面是足球场，外面是跑道，所以大家都能在这里踢足球，跑步。而且附近有户外游泳池，我常常去游泳。另外，学校里有餐厅、商店、邮局、医院等，所以我觉得我们学校的生活非常方便，而且这里是学习的好地方。

해석 저희 학교는 신촌에 있는데, 학교 근처에는 공원이 있어서 녹화가 잘 되어 있고, 또한 조용합니다. 학교에는 행정 건물, 강의 건물, 체육관, 그리고 박물관 등이 있습니다. 학교에 들어서면, 큰길이 바로 나옵니다. 학교 정문에서 보면, 왼쪽에는 도서관이 있고, 도서관 맞은편에는 학생회 사무실이 있습니다. 그 사무실에서는 학교 동아리 회원들이 여러 활동에 참여할 수 있습니다. 캠퍼스의 큰길을 따라 걸으면, 예스러우면서도 소박한 옛 건물을 볼 수 있는데, 원래는 본관 건물이었지만 지금은 전시회관입니다. 제 전공은 경영학인데, 저희 강의 건물 옆에는 커다란 잔디구장이 있습니다. 안쪽은 축구장이고, 바깥쪽은 육상 트랙입니다. 그래서 모두가 이곳에서 축구를 하고 조깅을 할 수 있습니다. 게다가 근처에는 실외수영장이 있어서, 저는 자주 수영을 하러 갑니다. 그 밖에 학교 안에는 음식점, 상점, 우체국, 병원 등이 있어서, 우리 학교의 생활은 매우 편리하고 공부하기 좋은 장소라고 생각합니다.

단어 办公楼 bàngōnglóu 행정 건물 / 教学楼 jiàoxuélóu 강의 건물 / 俱乐部 jùlèbù 동아리 / 跑道 pǎodào (경주용) 트랙 / 经营系 jīngyíngxì 경영학

125p. 연습문제

1 ① 图书馆 / 学生会办公室
   ② 方便 / 好地方
   ③ 上网 / 课题
   ④ 显示屏
   ⑤ 效果

2 ① 저 길을 따라 곧장 가면, 사거리에 도착할 수 있다.
   ② 시간이 늦었으니, 나는 가야겠다.
   ③ 나는 그 모임에 참가하고 싶지 않은데, 그녀는 내가 참가하지 않으면 안 된다고 한다.
   ④ 나는 그녀가 나를 좋아하는 줄 알았는데, 알고 보니 좋아한 사람은 내 친구였다.
   ⑤ 나는 해변을 따라 산책하는 것을 좋아한다.

3 ① 原来是主建筑，现在是展览馆。
   ② 现在学校该用高新技术做大部分的课题、项目。
   ③ 顺着校园的大路走，可以看到一个古朴的老式建筑。
   ④ 我觉得在学校的生活，现在非用高新技术不可。
   ⑤ 这儿原来有咖啡厅，现在没有。

126p. Mini OPIc

Q. 在学校一般使用什么样的高新技术? 那个技术对项目或课题有什么帮助，请详细讲一讲。

모범답안

小学的时候，只用手写方式做作业。从中学开始用高科技，那时候大部分的作业差不多都用电脑来写。现在学校该用高新技术做大部分的课题、项目。第一，我们学校还在用课本上课，但是大部分的课程让学生上网做课题、作业。第二，为了申请课程或开具成绩单、入学证明单，不用去学校，在家里用电脑就办好了。最后，学校的教研室里有很多高新技术设备。以前，发表的时候，只用白板和笔。但是现在用显示屏、遥控器、计算机程序等等。前几天我发表课题的时候，用了投影仪、PowerPoint深刻视听资料的软件。这些技术让我的发表效果更好、更生动有趣。我觉得在学校的生活，现在非用高新技术不可。可以说，高科技是现代教育的重要组成部分。跟以前相比，那个高新技术能让学生们接受到更好的教育。

해석 초등학교 때는 손으로 쓰는 방식으로 숙제를 했습니다. 중고등학교 때부터 테크놀로지를 사용하기 시작했는데, 그때 거의 대부분의 숙제를 컴퓨터로 했습니다. 지금 학교는 최신 테크놀로지로 대부분의 과제와 프로젝트를

해야 합니다. 첫째, 우리 학교는 아직 교과서를 사용하여 수업을 하지만, 대부분의 수업은 학생들에게 인터넷으로 과제와 숙제를 하게 합니다. 둘째, 수강 신청 또는 성적증명서나 입학증명서 등을 발급받으려면 학교에 갈 필요 없이 집에서 컴퓨터를 사용하여 처리하면 됩니다. 마지막으로 학교의 연구실에는 많은 기술 장비들이 있습니다. 예전에 발표를 할 때에는 단지 화이트보드와 펜만 사용했는데, 지금은 스크린, 리모컨, 컴퓨터 프로그램 등을 사용합니다. 며칠 전에 저는 과제를 발표할 때, 빔 프로젝터, 파워포인트의 인상적인 시청각 자료를 사용했습니다. 이러한 기술은 제 발표를 더욱 효과적이고 흥미 있게 해 주었습니다. 저는 학교생활에서 이제는 테크놀로지가 없으면 안 된다고 생각합니다. 테크놀로지는 현대 교육의 중요한 구성 부분이라고 말할 수 있습니다. 예전과 비교하면, 테크놀로지는 학생들이 더 좋은 교육을 받을 수 있도록 해 줍니다.

단어 申请课程 shēnqǐng kèchéng 수강 신청을 하다 / 显示屏 xiǎnshìpíng 스크린 / 遥控器 yáokòngqì 리모컨 / 计算机程序 jìsuànjī chéngxù 컴퓨터 프로그램 / 组成 zǔchéng 구성하다

Day14

132p. OPIc중국어 실전공략

Q. 请说明一下你认识的邻居。请介绍一下你喜欢的邻居。

모범답안

现在我住在公寓，当然有很多邻居。但是我认识的邻居不太多，因为每天很早去上班，很晚才下班。其实我不知道我住的公寓有什么样的人。我的朋友几乎都是男的，邻居也是男的。其中，我唯一的最喜欢邻居是在我家楼下住的人。他是我的同事。他去年搬到我这儿的。他跟我同岁，可他头发染成黄色，显得比我更年轻。周末我们有时候出去喝酒，有时候一起打台球。有时候我们一边聊公司的项目、公司的人，一边一起下班。他比我在公司工作时间更长，常常教我很多事情。所以我很喜欢跟他一起聊天儿、办事什么的。

해석 현재 저는 아파트에 살고 있어서, 당연히 많은 이웃들이 있습니다. 그러나 제가 알고 있는 이웃은 많지 않습니다. 왜냐하면 일찍 출근하고, 늦게 퇴근하기 때문입니다. 사실 제가 살고 있는 아파트에 어떤 사람들이 살고 있는지도 잘 모릅니다. 제 친구는 거의 모두가 남자인데, 이웃 역시 남자입니다. 그중에서 제가 가장 좋아하는 유일한 이웃은 제 아래층에 살고 있는 사람입니다. 그는 제 회사 동료

인데, 작년에 제가 있는 이곳으로 이사를 왔습니다. 그는 저와 동갑이지만, 머리를 노란색으로 염색을 해서 저보다 훨씬 젊어 보입니다. 주말에 우리는 어떤 때는 술을 마시러 가고, 어떤 때는 당구를 칩니다. 때로는 회사 프로젝트, 회사 사람들에 관해 이야기하면서 함께 퇴근을 하기도 합니다. 그는 저보다 회사의 근무 기간이 훨씬 길어서, 자주 많은 일들을 저에게 가르쳐 줍니다. 그래서 저는 그와 함께 이야기하고, 일을 하는 것들을 좋아합니다.

단어 搬 bān 옮기다, 이사하다 / 染 rǎn 염색하다 / 办事 bànshì 일을 처리하다

133p. 연습문제

1 ❶ 邻居   ❷ 打台球
   ❸ 报告   ❹ 洗衣服
   ❺ 拜托

2 ❶ 그의 모습은 매우 순진하고 꾸밈이 없어 보인다.
   ❷ 나는 거의 매일 초과근무를 해야 한다.
   ❸ 제가 모처럼 당신들에게 식사를 대접하는 것이니, 마음대로 주문하세요.
   ❹ 디지털카메라 사는 것 좀 도와주세요.
   ❺ 그녀는 감기가 이렇게 심한데 출근을 했다. 정말 쉽지 않은 일이다.

3 ❶ 最近工作太忙了，连周末也难得休息。
   ❷ 我的朋友几乎都是男的，邻居也是男的。
   ❸ 请帮我洗一洗衣服。
   ❹ 他头发染成黄色，显得比我更年轻。
   ❺ 请帮我拿一下儿行李。

134p. Mini OPIc

Q. 对不起，请你解决一个问题。周末你打算做家务，但是你应该写完报告。你给家人打电话说明情况，然后建议解决的方法。

모범답안

喂！姐，是我。今天请帮我一件事儿，请帮我洗一洗衣服吧。其实这个周末该我洗衣服了，你知道了嘛！最近工作太忙了，连周末也难得休息，到今天晚上要把重要的报告写完。如果这次你帮我洗衣服，下个月每次都由我来洗衣服。要不，我请你吃你最喜欢的中国菜。拜托你了！

해석 여보세요! 누나, 저예요. 오늘 일 하나만 도와주세요. 저를 도와 빨래 좀 해 주세요. 사실 이번 주말은 제가

빨래를 해야 하는 차례인데, 누나도 알잖아요! 요즘 일이 너무 바빠서 주말에도 쉬기가 어렵고, 오늘 저녁까지 중요한 보고서를 다 써야 해요. 만약 이번에 저를 대신해서 빨래를 해 주면, 다음 달에는 매번 제가 빨래를 할게요. 아니면, 제가 누나가 가장 좋아하는 중국 요리를 한턱낼게요. 부탁해요!

▶단어 该～了 gāi~le ～의 차례이다 / 嘛 ma [서술문 뒤에서 당연함, 이치나 사실이 명백함을 나타냄] / 拜托 bàituō 부탁하다

Day15

140p. OPIc중국어 실전공략

Q. 调查中表明你喜欢去听演唱会。你常去几场？常去的演唱会场在哪儿？什么时候去？常常跟谁去？请详细讲一讲？

▶모범답안

　　我很喜欢去听演唱会，以前我常去听演唱会。但是最近工作忙得不得了，懒得去听演唱会。我一般一年去听三、四场，一般跟朋友一起去。常去奥运会体育场听演唱会，因为常在那儿演。有时候去小音乐厅听，那儿不太挤，而且听着音乐，还能近距离地看歌手。我一定去听最喜欢的歌手的演唱会。其中，一有"雨"的演唱会，我就去。他的演唱会气氛很好，表演得太精彩，贵是贵，但我不得不去看他的演唱会。他唱得很好，跳舞也跳得很棒，可以说是个实力派歌手。

▶해석 저는 콘서트에 가는 것을 좋아해서 예전에 자주 콘서트에 갔습니다. 그러나 요즘은 일이 너무 바빠서 콘서트에 가기가 귀찮습니다. 보통 1년에 서너 번, 친구와 함께 갑니다. 주로 올림픽경기장으로 콘서트를 보러 가는데, 그곳에서 자주 공연을 하기 때문입니다. 가끔은 소극장으로 가기도 합니다. 그곳은 붐비지 않고 게다가 음악을 들으면서 가까이에서 가수를 볼 수 있습니다. 저는 가장 좋아하는 가수의 콘서트는 반드시 갑니다. 그중 '비'의 콘서트라면 바로 가는데, 그의 콘서트는 분위기도 좋고 공연도 훌륭합니다. 비싸기는 하지만 어쩔 수 없이 그의 콘서트는 갑니다. 그는 노래도 잘하고 춤도 잘 추는 실력파 가수라고 말할 수 있습니다.

▶단어 小音乐厅 xiǎoyīnyuètīng 소극장 / 挤 jǐ 붐비다 / 实力派 shílìpài 실력파

141p. 연습문제

1 ❶ 奥运会体育场　　　❷ 气氛 / 精彩
　 ❸ 电脑游戏　　　　　❹ 上瘾
　 ❺ 走不了

2 ❶ 이렇게 간단한 문제는 심지어 초등학생도 풀 수 있다.
　 ❷ 나는 하마터면 이 좋은 기회를 놓칠 뻔했다.
　 ❸ 이렇게 추운 날씨에는 정말 외출하기 싫다.
　 ❹ 막차가 이미 떠나서 그들은 어쩔 수 없이 택시를 타고 집으로 돌아간다.
　 ❺ 나는 하마터면 우산 가져가는 것을 잊을 뻔했다.

3 ❶ 最近工作忙得不得了，懒得去听演唱会。
　 ❷ 他的演唱会表演得太精彩，贵是贵，但我不得不去听他的演唱会。
　 ❸ 我想去洗手间，站起来的时候差点儿摔倒了。
　 ❹ 我每天玩游戏，甚至晚上也不睡觉。
　 ❺ 我感冒得很严重，不得不请假休息了。

142p. Mini OPIc

Q. 请讲一讲你最难忘或最有意思的游戏经历。那时候玩儿什么样的游戏？发生了什么事情？请详细讲一讲那个游戏为什么最难忘或最有意思。

▶모범답안

　　上大学的时候，有一段时间在制作电脑游戏的公司里打工。当时我第一次学电脑游戏，有时候一玩儿就是一个通宵。最喜欢玩儿的是《黑暗破坏神》，我迷上了这个游戏。我每天玩游戏，甚至晚上也不睡觉，一天最多玩儿过17个小时，有时候不吃饭。有一次玩儿游戏的时候，我想去洗手间，站起来的时候差点儿摔倒了。因为很长时间坐着，所以腿麻了，走不了路。我对电脑游戏上瘾了很长时间，身体越来越不好了，终于住院了。当然，现在只是偶尔玩儿，不至于上瘾。

▶해석 대학에 다닐 때에, 한동안 컴퓨터게임을 만드는 회사에서 아르바이트를 한 적이 있었습니다. 당시에 저는 처음 컴퓨터게임을 배웠는데, 어떤 때는 (게임을) 하기만 하면 밤을 새도록 했습니다. 가장 좋아하는 게임은 〈디아블로〉였는데, 저는 이 게임에 빠졌습니다. 저는 매일 게임을 했습니다. 심지어 저녁에 잠을 안 잘 정도였습니다. 하루에 최대 17시간 동안 게임을 했고, 어떤 때는 밥도 먹지 않았습니다. 한번은 게임을 하다가 화장실에 가고 싶어서 일어날 때 하마터면 넘어질 뻔했습니다. 왜냐하면 오랜 시간

동안 앉아 있은 탓에 다리가 저려서 걸을 수 없었기 때문입니다. 저는 오랜 시간 동안 게임에 중독되었고, 몸은 점점 나빠져서 결국 병원에 입원하게 되었습니다. 당연히 지금은 단지 가끔 할 뿐이지, 중독된 정도는 아닙니다.

단어 一段时间 yíduàn shíjiān 한동안 / 当时 dāngshí 당시 / 黑暗破坏神 hēi'àn pòhuài shén 디아블로[게임 이름] / 不至于 búzhìyú ~한 정도는 아니다

Day16

148p. OPIc중국어 실전공략

Q. 你从什么时候开始养宠物的？为什么开始养的？请讲一讲最难忘的养宠物的经历或困惑。

모범답안

　　我往往在家养宠物，就是小猫。从小时候开始，我就非常喜欢小猫。上了大学，我一个人住。那时候，我感觉很孤单，就开始养小猫。没有小猫就好像家里什么也没有。养小猫的时候，发生了很多事情。比如说，它把房间搞得很乱，或者有时候它病了。6个月以前，我的小猫病得很厉害，那时候它住院住了很长时间，我真的非常担心。养宠物，当然有很多要做的事儿，一直要照顾它们，但是养宠物不但不会让人感到孤独和寂寞，而且会让我们的生活充实，因此我觉得很多人非常喜欢养宠物。无聊的时候，宠物可以成为我们心灵的寄托，宠物的叫声和动作让我们感到除了我们以外，还有另一个朋友在我们的身边陪伴着我们。其实养宠物，并不是宠物单方面给我们带来快乐，更多的是来自我们和宠物之间互相给予的快乐和关心。

해석 저희 집은 늘 애완동물을 키웠는데, 바로 고양이입니다. 어렸을 때부터, 저는 고양이를 좋아했습니다. 대학교에 들어가면서 저는 혼자 살게 되었는데, 그때 저는 외로움을 느껴서 고양이를 키우기 시작했습니다. 고양이가 없으면 집 안에 아무것도 없는 것 같습니다. 고양이를 기를 때, 많은 일들이 일어납니다. 예를 들어, 고양이가 방을 어지럽히고, 때로는 병에 걸리기도 합니다. 6개월 전에 저희 고양이가 심하게 아팠습니다. 그때 고양이는 오랜 시간 동안 입원을 해서, 저는 정말 많이 걱정을 했습니다. 애완동물을 기르면 당연히 해야만 하는 일이 많고 계속 그들을 돌봐야 합니다. 하지만 애완동물을 기르는 것은 사람들에게 고독함과 외로움을 느끼지 않게 해 줄 뿐만 아니라, 우리의 생활이 풍요로워지게 합니다. 그래서 많은 사람들이 애완동물 기르는 것을 좋아하는 것 같습니다. 심심할 때,

애완동물은 마음의 의지가 될 수 있습니다. 애완동물의 소리와 동작은 우리가 혼자가 아니라 내 곁에 또 다른 친구가 있다는 것을 느끼게 합니다. 사실 애완동물을 기르는 것은 오로지 애완동물이 우리에게 일방적으로 즐거움을 주는 것이 아니라, 애완동물과 서로 즐거움과 관심을 주고받는 것입니다.

단어 孤独 gūdú 고독하다 / 寂寞 jìmò 외롭다, 쓸쓸하다 / 心灵 xīnlíng 영혼, 마음 / 寄托 jìtuō 의탁하다 / 单方面 dānfāngmiàn 일방적으로, 단면적으로 / 互相 hùxiāng 서로

149p. 연습문제

1 ① 小时候 　　　② 宠物
　 ③ 健身房 　　　④ 要不 / 会员证
　 ⑤ 退钱

2 ① 내일이 바로 시험인데, 아직도 텔레비전을 보고 있니?
　 ② 그녀는 자주 밤늦게까지 공부한다.
　 ③ 나는 다리가 아파서 걸을 수가 없다.
　 ④ 공부한 시간은 결코 길지 않지만, 그는 중국어가 매우 유창하다.
　 ⑤ 제가 당신을 사랑해도 되나요?

3 ① 我往往在家养宠物，就是小猫。
　 ② 我要去印度出差了。
　 ③ 其实养宠物，并不是宠物单方面给我们带来快乐。
　 ④ 我能把会员登记推迟到下个月吗？
　 ⑤ 快要到北京大学了，请准备下车。

150p. Mini OPIc

Q. 对不起，请你解决一个问题。上个星期你登记了健身房的会员。发生了急事儿，你要取消登记会员。请给健身房打电话说明情况，然后建议解决的方法。

모범답안

　　喂，我是上个星期五加入健身房的会员，发生了点儿急事儿。我想跟你商量一下解决的办法，所以打了这个电话。我刚才从组长那儿听到了派我去出差，我要去印度出差了。我这个星期五就要去印度出差了，我一个月不能运动了。我能把会员登记推迟到下个月吗？要不然，可不可以把会员证转让给朋友？如果这样也不可以的话，可以退钱吗？真麻烦您，给我回个电话吧！

해석 여보세요? 저는 지난주 금요일에 등록한 헬스클럽 회원인데, 급한 일이 생겼습니다. 해결 방법을 상의하고 싶어서 전화했습니다. 저는 방금 팀장님에게서 제가 출장

을 가게 된 것을 들었습니다. 곧 인도로 출장을 갑니다. 이번 주 금요일에 인도로 출장을 가야 해서 한 달 동안 운동을 할 수가 없습니다. 제가 회원 등록을 다음 달로 연기할 수 있나요? 아니면 회원증을 친구에게 양도해도 되나요? 만약 이것도 안 된다면 환불받을 수 있나요? 번거롭게 해드려서 죄송하지만, 다시 전화 한 통 주세요.

단어 商量 shāngliang 상의하다 / 会员证 huìyuánzhèng 회원증 / 麻烦 máfan 번거롭게 하다, 폐를 끼치다

Day17

156p. OPIc중국어 실전공략

Q. 你现在学外语，从什么时候开始学的？怎么开始学的？到现在怎么学习外语？请说明一下。

모범답안

　　我会说汉语。最近我正在补习班学英语呢。我打算明年跟我朋友一起去欧洲自助旅游，所以开始学习。我们打算在欧洲旅行三个月，我觉得旅行的时候，学英语会有很大帮助。我学英语学了五个多月了，觉得英语比汉语更难。学英语难是难，但是越来越有意思。其实，我平时工作太忙，没有学习的时间，只有周一、三、五去补习班上课。努力是努力，可是我觉得一直退步。但是我的朋友每天去补习班上课，认认真真地学习英语。我有点儿担心，我建议我朋友周末也一起学习。所以最近周末请了一位外国英语老师教我们。我希望英语的水平提高得越来越快。

해석 저는 중국어를 말할 줄 압니다. 최근에 저는 학원에서 영어를 배우고 있습니다. 저는 내년에 제 친구와 함께 유럽으로 배낭여행을 갈 계획이라서 영어를 배우기 시작했습니다. 우리는 유럽에서 3개월 동안 여행을 할 계획입니다. 제 생각에 여행을 할 때, 영어를 배운 것이 많은 도움을 줄 것 같습니다. 저는 영어를 5개월 넘게 배우고 있는데, 영어는 중국어보다 더 어려운 것 같습니다. 영어를 배우는 것이 어렵기는 하지만, 점점 재미있습니다. 사실 저는 평소에 일이 매우 바빠서 공부를 할 시간이 없습니다. 단지 월, 수, 금요일에만 학원에 수업을 들으러 갑니다. 노력하기는 하는데, 제 생각에 계속 뒤처지는 것 같습니다. 그러나 제 친구는 매일 학원에 공부하러 가고, 매우 열심히 영어를 공부합니다. 저는 조금 걱정이 되어서 친구에게 주말에도 함께 공부하자고 했습니다. 그래서 요즘 주말에 외국인 영어 선생님을 초빙해서 영어를 배우고 있습니다. 제 영어 실력이 점점 빠르게 향상되었으면 좋겠습니다.

단어 自助旅游 zìzhù lǚyóu 배낭여행 / 提高 tígāo 향상되다

157p. 연습문제

1　❶ 自助旅游　　　　❷ 建议
　　❸ 购物　　　　　　❹ 大减价
　　❺ 轻松

2　❶ 멜로영화 이외에 너는 또 어떤 영화를 좋아하니?
　　❷ 엄마는 기어코 내가 이 일을 못하게 했다.
　　❸ 만약에 네가 내일 저녁에 그의 집에 간다면, 그는 분명히 일하는 중일 거야.
　　❹ 중국 요리는 맛있기는 맛있는데, 조금 느끼하다.
　　❺ 나는 2과를 공부했는데, 선생님은 하필 3과를 테스트했다.

3　❶ 最近我正在补习班学英语呢。
　　❷ 上个周末除了大衣以外，我还买了一条牛仔裤。
　　❸ 学英语难是难，但是越来越有意思。
　　❹ 我要白色的，妹妹偏偏让我买黑色的。
　　❺ 除了她以外，我都不认识。

158p. Mini OPIc

Q. 调查中表明你喜欢购物。常去哪儿买东西？什么时候去？跟谁一起去逛街？常买什么东西？请详细讲一讲最近购物的经历。

모범답안

　　我非常喜欢购物。不管是逛商场，还是网上购物，我都喜欢。我一般每个月逛三、四次商店。每次买的东西不一样。需要食品饮料的时候，在我家附近的超市买，买衣服的时候，常在江南或明洞买。那家的衣服又漂亮又便宜，而且售货员也很热情。所以我常常跟朋友一起去。有时候我喜欢一个人逛街，脑子里很乱的时候一个人逛街让我的心情变得很轻松。上个周末听到了百货商店在大减价，我跟妹妹去购物了。我想买大衣，一件是白色的，另外一件是黑色的。我要白色的，妹妹偏偏让我买黑色的。妹妹说穿白色看起来更胖，我听了她的话。上个周末除了大衣以外，我还买了一条牛仔裤。我现在太满意了。

해석 저는 쇼핑하는 것을 굉장히 좋아합니다. 상점을 돌아다니는 것이든 인터넷 쇼핑이든 다 좋아합니다. 저는 보통 매달 서너 번 상점에 갑니다. 매번 사는 물건은 다릅니다. 식료품이 필요할 때는 집 근처의 마트에 가서 사고, 옷을 살 때는 강남이나 명동에 가서 삽니다. 그곳의 옷은 예쁘고 가격도 저렴합니다. 게다가 직원들도 매우 친절합니다. 그래서 저는 자주 친구들과 함께 갑니다. 때로는 저 혼자 상점을 돌아다니는 것을 좋아합니다. 머릿속이 복잡할

때 혼자 구경을 다니면 마음이 편안해지는 것 같습니다. 지난 주말에 백화점에서 세일을 한다는 것을 듣고, 저는 여동생과 함께 쇼핑하러 갔습니다. 저는 외투를 사고 싶었는데, 하나는 흰색, 다른 하나는 검은색이었습니다. 저는 흰색을 원했지만, 여동생이 기어코 검은색을 사게 했습니다. 여동생은 흰 옷을 입으니 더 뚱뚱해 보인다고 말해서, 저는 여동생의 말을 들었습니다. 지난 주말에 외투 이외에도 청바지 한 장을 샀습니다. 저는 현재 매우 만족합니다.

단어 看起来~ kànqǐlái 보기에 ~하다 / 大衣 dàyī 외투 / 牛仔裤 niúzǎikù 청바지

Day18

164p. OPIc중국어 실전공략

Q. 我将为您提供一个情景，请表演一下。您要跟朋友去图书馆看书。为了约好跟朋友去图书馆，请给朋友问3~4个问题。

모범답안

　　喂，我是河娜。我想去图书馆看书，你有时间吗？抽时间去图书馆看书吧。去图书馆以前，我们在学校对面的麦当劳见面吧。在麦当劳既吃汉堡，也喝可乐，怎么样？要么先去吃饭，要么先去图书馆，你做决定吧。我都可以。你去过新开的图书馆吗？凡是去过那个图书馆的，都说好。我真想去看看。我五点下课，到时候给我打电话吧。我们一会儿再通话，再见！

해석 여보세요? 나 하나야. 나 도서관에 책 보러 가고 싶은데 너 시간 있니? 시간 내서 도서관에 책 보러 가자. 도서관에 가기 전에 우리 학교 맞은편에 있는 맥도날드에서 만나자. 맥도날드에서 햄버거도 먹고, 콜라도 마시자. 어때? 먼저 식사를 하든지 먼저 도서관에 가든지 네가 결정해. 나는 다 좋아. 너 새로 생긴 도서관에 가 본 적 있니? 그 도서관에 가 본 사람들은 모두 좋다고 말하더라. 나 정말 가 보고 싶어. 나 5시에 수업이 끝나니까 그때 나한테 전화해 줘. 우리 조금 있다가 통화하자. 안녕.

단어 抽时间 chōu shíjiān 시간을 내다 / 一会儿 yíhuìr 잠시, 잠시 동안

165p. 연습문제

1 ❶ 抽时间　　　　❷ 通话
　❸ 情景喜剧　　　❹ 工作压力
　❺ 图书馆

2 ❶ 《대장금》은 내가 가장 좋아하는 연속극 중 하나이다.
　❷ 그는 너무 뚱뚱하다. 왜냐하면 그는 끊임없이 무언가를 먹기 때문이다.
　❸ 선물을 사든지 돈을 주든지 네가 스스로 결정해.
　❹ 미국에 유학 가고 싶은 학생들은 모두 토플 시험을 봐야 한다.
　❺ 아이들의 수업이 너무 과해서, 매일 숙제가 끝이 없다.

3 ❶ 要么先去吃饭，要么先去图书馆，你做决定吧。
　❷ 周末我一看电视，就没完没了。
　❸ 凡是去过那个图书馆的，都说好。
　❹ 情景喜剧是我最喜欢的电视节目之一。
　❺ 要么买手机，要么买电脑，你选一个。

166p. Mini OPIc

Q. 你常常看电视。你一般常看哪个电视节目？

모범답안

　　我常看电视。周末我一看电视，就没完没了。情景喜剧是我最喜欢的电视节目之一。情景喜剧最好之处在于不必那么严肃。辛苦了一天以后，只是坐着看电视就行，不需要特别认真看。而且情景喜剧错过看一集的话，也不影响看下一集。《不可阻挡的High Kick》是我最喜欢的情景喜剧之一，看这个节目，可以缓解工作压力，让我自己大笑。

해석 저는 텔레비전을 자주 봅니다. 주말에 저는 텔레비전을 봤다 하면 끝이 없습니다. 시트콤은 제가 가장 좋아하는 텔레비전 프로그램 중 하나입니다. 시트콤의 가장 좋은 점은 심각할 필요가 없다는 것입니다. 고생스러운 하루를 보낸 후, 그저 앉아서 텔레비전을 보기만 하면 됩니다. 특별히 주의를 기울일 필요가 없습니다. 게다가 시트콤은 한 편을 놓쳐도 다음 편에 영향을 미치지 않습니다. '거침없이 하이킥'은 제가 가장 좋아하는 시트콤 중의 하나인데, 이 프로그램을 보는 것은 업무 스트레스를 해소해 주고 제가 크게 웃을 수 있게 합니다.

단어 辛苦 xīnkǔ 고생하다 / 阻挡 zǔdǎng 저지하다, 가로막다

Day19

172p. OPIc중국어 실전공략

Q. 请讲一讲你们国家的警察。警察穿着什么样的服装？请描述一下穿警服的警察。而且警车也详细描述一下。

　　韩国的男女警察一般都穿天蓝色的衬衣，黑色的裤子，戴帽子。但是有的穿米色的衬衣。看起来，穿警服的警察又严肃又可信赖。衬衣茄克的双膀贴着徽章，右口袋上有胸卡，左口袋上挂着警察胸章。警察帽刻着雕纹，那个雕纹是警察的象征。就裤子来说，像一般的黑色裤子一样，没有特别的。就警车来说，跟别的国家差不多一样。在白色背景绘制着蓝色条纹。车顶上安装着警报器，机盖上绘制着一个很大雕纹的警车标志。韩国的道路狭窄而拥挤，所以偏爱4个人能坐的中型车。

해석 한국의 남녀 경찰은 일반적으로 모두 하늘색 셔츠와 검은색 바지를 입고, 모자를 씁니다. 그러나 어떤 사람은 베이지색 셔츠를 입기도 합니다. 보기에, 경찰복을 입은 경찰은 점잖아 보이고 믿음직스럽습니다. 셔츠 재킷의 양쪽 어깨에는 계급장이 붙어 있고, 오른쪽 주머니에는 명찰, 왼쪽 주머니에는 경찰 배지가 달려 있습니다. 경찰 모자에는 독수리 문양이 새겨져 있는데, 그 독수리 문양이 경찰의 상징입니다. 바지로 말하자면, 일반적인 검은색 바지와 같고 특별한 것은 없습니다. 경찰차는 다른 나라와 거의 비슷하게 흰색 바탕에 파란색 줄무늬가 그려져 있습니다. 차 지붕 위에는 사이렌이 설치되어 있고, 보닛 위에는 커다란 독수리 문양과 경찰 마크가 그려져 있습니다. 한국의 도로는 좁고 혼잡해서, 4인용 중형차를 선호합니다.

단어 徽章 huīzhāng 계급장 / 胸卡 xiōngkǎ 명찰 / 警察胸章 jǐngchá xiōngzhāng 경찰 배지 / 象征 xiàngzhēng 상징 / 狭窄 xiázhǎi 비좁다

173p. 연습문제

1 ❶ 警察 / 天蓝色　　　　❷ 象征
　 ❸ 账户　　　　　　　　❹ 上网购物
　 ❺ 警报器 / 标志

2 ❶ 벽에 그림이 걸려 있지 않고, 중국 지도가 걸려 있다.
　 ❷ 우리는 한다면 한다. 당장 시작하자.
　 ❸ 저녁에 잠은 최소한 7시간은 자야 비로소 기운이 난다.
　 ❹ 이 이름은 듣기에 좋고 부르기에도 편하다.
　 ❺ 그들의 결혼식에 참석한 사람은 최소 350명은 된다.

3 ❶ 看起来，穿警服的警察又严肃又可信赖。
　 ❷ 在每各账户，我至少要有多少存款？
　 ❸ 说办就办，我现在想办VISA卡。
　 ❹ 衬衣茄克的双膀贴着徽章。
　 ❺ 说买就买，现在就去吧。

176p. Mini OPIc

Q. 我将为您提供一个情景，请表演一下。你要去新地开户。为了开户要知道的，请向营业员问3～4个问题。

　　你好！我想开个账户。可以开支票和储蓄账户吗？在每各账户，我至少要有多少存款？我经常去外国旅行，去国外出差。说办就办，我现在想办VISA卡。现在可以吗？对了，可不可以用那个卡上网购物？太好了，把这张表填完了，就给你。从今天起，能用吗？知道了，太谢谢您！

해석 안녕하세요? 저는 새로 계좌를 개설하고 싶습니다. 당좌예금과 보통예금 계좌를 개설할 수 있나요? 매 계좌에 최소 얼마를 예치해야 하나요? 저는 해외여행과 외국 출장을 자주 갑니다. 개설한다고 말 나온 김에, 저는 지금 VISA 카드를 만들고 싶습니다. 지금 가능한가요? 아! 그 카드로 온라인 구매를 할 수 있나요? 잘됐네요. 이 표를 다 기입해서 당신에게 드리겠습니다. 오늘부터 사용할 수 있나요? 알겠습니다. 감사합니다.

단어 填 tián 기입하다 / 从～起 cóng～qǐ ～부터

MEMO

MEMO

중국어 대비 멀티캠퍼스 Best 온라인 과정

TSC 전략 과정
단시간 레벨 UP!을 위한 유형별 공략법과 막판 핵심 족집게 전략을 제시하는 국내 최고의 TSC 대비 과정

한달에 끝내는 TSC 첫걸음 3급공략	초단기 TSC 4급공략	초단기 TSC 4급공략 실전테스트	[막판뒤집기] TSC 3급 Pass	[막판뒤집기] TSC 4급 Pass

비즈니스 중국어 회화 과정
삼성 해외 주재원 집중과정 교재 기반, 진정한 중국通이 되기 위한 중국어 실무 과정

직장에서 당장 써먹는 중국어 회화(上)	직장에서 당장 써먹는 중국어 회화(下)

OPIc중국어 전략과정
OPIc 평가 주관사 멀티캠퍼스에서 개발한 국내 유일무이한 OPIc 중국어 대비 과정

New OPIc 중국어 첫걸음	OPIc 중국어의 정석! IM공략	OPIc 중국어의 정석! IH공략

新BCT 전략과정
새롭게 바뀐 BCT 문제 유형 분석을 통한 시험 완벽 대비 및 비즈니스 중국어 회화 능력을 향상할 수 있는 과정

초단기 新BCT Speaking 공략	초단기 新BCT Speaking 실전테스트	新BCT 첫걸음 A형 공략	新BCT 첫걸음 B형 공략

OPIc 대비 멀티캠퍼스 Best 온라인 과정

OPIc 등급공략과정
빅데이터 분석 및 최신 출제 트렌드 완벽 커버로 단기 OPIc 등급 취득 완성 과정

트렌드, 히스토리
100% 오픽을 해체하다.

데이터와 트렌드로
쉽게 취득하는 OPIc IL

데이터와 트렌드로 쉽게
취득하는 OPIc IM

데이터와 트렌드로 쉽게
취득하는 OPIc IH Step 1, 2

데이터와 트렌드로 쉽게
취득하는 OPIc AL Step 1, 2

OPIc 막판뒤집기과정
시험장 가기 전에 꼭 봐야 하는 OPIc 전문강사의 생생한 전문 특강 과정

[막판뒤집기] OPIc IM Pass

[막판뒤집기] OPIc IH Pass

OPIc 전략과정
한국인의 말하기 취약점 분석 기반의 OPIc 전략과정

한국인의 말하기
특징 분석 IL공략

한국인의 말하기
특징 분석 IM공략

한국인의 말하기
특징 분석 IH공략

한국인의 말하기
특징 분석 AL공략

OPIc 등급공략과정
OPIc 주관사 멀티캠퍼스에서 제시하는 레벨별 맞춤 공략 과정

New OPIc 첫걸음

New OPIc SOS Start

New OPIc SOS IM공략

New OPIc의 정석! IH공략